Anonymus

Die Ungarischen Rumänen und die ungarische Nation

Anonymus

Die Ungarischen Rumänen und die ungarische Nation

ISBN/EAN: 9783743328976

Hergestellt in Europa, USA, Kanada, Australien, Japan

Cover: Foto ©ninafisch / pixelio.de

Anonymus

Die Ungarischen Rumänen und die ungarische Nation

DIE

UNGARISCHEN RUMÄNEN

UND DIE

UNGARISCHE NATION.

*

ANTWORT DER HOCHSCHULJUGEND UNGARNS

AUF DAS MEMORANDUM

DER RUMÄNISCHEN UNIVERSITÄTSJUGEND.

*

HERAUSGEGEBEN:

VON DEN HÖRERN DER KÖN. UNGARISCHEN UNIVERSITÄT IN BUDAPEST,
DES JOSEPH-POLYTECHNIKUMS IN BUDAPEST,
DER KÖN. UNG. UNIVERSITÄT IN KOLOZSVÁR,
DER RECHTSAKADEMIEEN IN POZSONY, KASSA, NAGY-VÁRAD, GYŐR,
EPERJES, DEBRECZEN, KECSKEMÉT, MARMAROS-SZIGET,
DER RECHTSLYCEEN IN PÉCS UND EGER, DER AKADEMIE IN SÁROSPATAK,
DER LANDWIRTSCHAFTLICHEN AKADEMIE IN MAGYAR-ÓVÁR UND
DER BERG- UND FORSTAKADEMIE IN SELMECZBÁNYA.

*

BUDAPEST, IM JULI 1891.

I.

Die Bukarester rumänische Universitätsjugend überschwemmte die gebildete Welt mit einem Memorandum, in welchem das Loos der in Ungarn wohnenden Rumänen geschildert ist. So wie dies Loos beschrieben, ist es allerdings ein sehr bemitleidenswürdiges. Würden aber die im Memorandum enthaltenen Skizzen, Behauptungen und Daten auch der Wirklichkeit entsprechen, dann wäre nicht so sehr das geschilderte arme rumänische Volk zu bedauern, als vielmehr die ungarische Nation, von der diesem Volke solch ein Loos bereitet wird. Wäre dem wirklich so, dann hätte sich diese Nation all jener Hochschätzung und all jener Sympathien verlustig gemacht, welche sie sich in der Zeit ihres tausendjährigen Hierseins bei den übrigen Völkern Europas erworben.

Und zweifelsohne verbirgt sich, wenigstens derzeit noch, hinter dem Bukarester Memorandum gar kein anderer Zweck, als die Magyaren des guten Rufes zu berauben, den sie bisher genossen, als ein Volk, das sich im Osten Europas, unter den auf den Wogen der Völkerwanderung aus Asien hieher geworfenen und sich hier ansiedelnden Völkern allein als zur Staatenbildung fähig erwiesen hat. Das Volk der Ungarn bezog seine jetzigen Wohnplätze am Ende des neunten Jahrhundertes, gründete hier einen christlichen Staat, und hielt diesen trotz aller

Widerwärtigkeiten, die Europa in dieser Zeit betroffen haben, aufrecht bis auf unsere Tage, da es sich anschicken kann, das Jubiläum seines tausendjährigen nationalen Bestandes zu feiern.

Dass aber die Gründung und Aufrechterhaltung eines Reiches ohne den Besitz dazu geeigneter hochernster Tugenden vollkommen unmöglich ist, erheischt wohl kaum eines näheren Beweises.

Ein Theil dieser Tugenden ist militärischer, der andere rein gesellschaftlicher Natur.

Militärische Tugenden begründeten und vertheidigten dieses Reich; Cultur und Sitte, Ordnung und Gerechtigkeit und die Liebe zur Freiheit sind es, die seinen Bestand noch heute sichern. Dies sind die Erfahrungen und Traditionen, erworben in einem tausendjährigen Staatsleben.

Geschah nun vielleicht mit Ungarn in neuester Zeit, irgend etwas, was es dazu bewog, diese Tugenden, diese Traditionen mit neuen zu vertauschen, mit solchen, wie ihm in der Charakteristik des Bukarester Memorandums insinuirt werden?

Mit dem Ungar trug sich wirklich nichts zu, wenigstens nichts derartiges, das ihn dazu führen könnte, sich seiner angestammten Natur zu entschlagen und neue Pfade zu betreten. Ausserhalb Ungarns aber vollzog sich mehr als ein Ereignis, ganz darnach angethan, zu erklären, warum dieses jetzt, da man es hinterlistig angeschwärzt, vor den Richterstuhl der gebildeten Welt geschleppt wird.

Zuerst geschah, dass aus dem Nationalitäten-Principe eine leitende Idee der Völker, und zugleich eine scharfe politische Waffe gemacht ward. Dass auch auf die Gestaltung des Westens von Europa dieses Princip von wesentlichem Einflusse ist, zeigt die Einheit Deutschlands und Italiens, zeigt die oftmalige Erwähnung der romanischen Conföderation.

Die slavische Idee nahm Russland in die Hand, und hält dadurch mehr noch, als durch seine Heeresmacht den Osten Europas in völliger Unsicherheit, in unserer südöstlichen Nachbarschaft entstand einer der jüngsten Staaten, und eines der jüngsten Königreiche: das walachische Königreich, mit seinem europäischen Namen Rumänien. Und seit sich diese Umwandlung vollzog, sind die in unserem Vaterlande wohnenden nicht magyarischen Stämme die Beute unausgesetzter Aufwiegelungen.

Die Slovaken und Walachen, die Jahrhunderte hindurch unsere getreuesten Völker und Waffengenossen gewesen, sind jetzt die Opfer fortwährender Vorspiegelungen, unausgesetzter Wühlungen und Beunruhigungen. Das sind doch sündhafte Vergehen nicht nur gegen den Frieden und die Interessen Ungarns, sondern auch der betreffenden Nationalitäten selbst. Geschichtliche Ueberlieferungen, das Recht, die geographische Lage, selbst die Stimmung der betreffenden Völkerschaften, ihr Bewusstsein und ihre gesellige Stellung: all das, liefert nicht den geringsten Rechtstitel für jene umwälzenden Bestrebungen, die hier im Namen der panslavistischen und dacoromanischen Ideen getrieben werden. Mit unverschämter Verleumdung der ungarischen Nation diese Rechtstitel in die europäische Intelligenz einzuschwärzen, ist aber der erste Zweck des Bukarester Memorandums. Das Memorandum wird sein Ziel nicht erreichen, darüber sind wir vollkommen beruhigt. Mit Märchen kann man

Kinder und Ignoranten irreführen, mit Lügen die Einfältigen und Leichtgläubigen. Und die Waffen des Memorandums sind alle aus einem derartigen Arsenal geholt.
Das Publicum hingegen, auf das man einzuwirken versucht, ist ferne davon, aus Kindern oder der leichtgläubigen Menge zu bestehen, sondern umfasst im stricten
Gegensatze dazu, eben die höchste Blüthe europäischer
Bildung, das leitende Element der berühmtesten Nationen: ihre Gelehrten, Professoren, Politiker und anderen
für die Oeffentlichkeit wirkenden Männer. Dies vor
Augen gehalten, bitten nun wir, die Jugend der ungarischen Hochschulen, in unserer vorliegenden Antwort auf
das Bukarester Memorandum um wohlwollende Aufnahme
von Seite dieses hohen Forums. Wir sind uns voll bewusst, dass es für die Jugend ein schweres Stück Arbeit
ist, vor solch ein Auditorium hinzutreten. Zur Entschuldigung diene uns aber der Umstand, dass wir, ungarische
Jünglinge, es ohne die Provocation aus Bukarest wohl
nie unterfangen hätten, uns zu Lehrern der intellectuellen
Leiter Europas aufzuwerfen; und ferner, dass wir von
unserem eigenen Vaterlande, unseren eigenen vaterländischen Verhältnissen sprechen, die zu kennen wir ja
Gelegenheit haben: unsere Gegner aber ohne alle Berechtigung hiezu und auf Grund von Quellen höchst zweifelhaften Werthes, die Verhältnisse eines ihnen fremden
Landes vorführten.

II.

Die Klagen, die man gegen uns vorbringt, sind stark
verallgemeinert die folgenden:

a) Die ungarische Nation war von jeher ein Feind der

Cultur des auf ungarischem Boden ansässigen rumänischen Volkes, und ist es auch jetzt noch.

b) Die ungarische Nation unterdrückte das in Ungarn wohnende rumänische Element in der Vergangenheit, unterdrückt es mit eiserner Consequenz auch heute und ist bestrebt, dasselbe aller seiner Rechte und Freiheiten zu berauben.

c) Die ungarische Nation ist ferner bestrebt, die in ungarischem Boden haftende Rumänenschaft ihrer Nationalität ganz zu entkleiden, ist überhaupt schon als Stamm ein unerbitterlicher Gegner des rumänischen Stammes, und strebt ihm mit Vorbedacht nach dem Leben. Demgemäss benützt der Ungar auch jedes Mittel, ebenso auf dem Wege der Gesetzgebung, wie auf dem des socialen und administrativen Lebens, um das rumänische Element zu vernichten. Aus all dem resummirt dann das Bukarester Memorandum: der Ungar sei im Osten, das ruhestörende Element, ein Feind der Freiheit und der westlichen Cultur, dessen Tyrannei zu beschränken Europas Pflicht wäre. Das rumänische Element hingegen ist die Hochwacht der Ordnung und der Cultur des Westens, und dürfe als solche wohl auf die Unterstützung Europas rechnen.

Wenn wir es hiemit unternehmen, das Memorandum zu widerlegen, befolgen wir dabei nicht das System, die Denkschrift von Schritt zu Schritt zu verfolgen, die Daten der Reihe nach Lügen zu strafen und die einzelnen Sätze derselben in nichts aufzulösen, was für uns umso vieles leichter, als es für den Leser ermüdender wäre. Zum Glücke entspricht es auch unserem Ziele mehr, wenn wir uns statt dessen auf folgenden Standpunkt stellen: entweder ist das, was wir in die oberwähnten drei Punkte zusammenfassten, wahr, oder es ist unwahr. Ist es wahr, so haben wir den Process verloren, und ist dann es von geringer Bedeutung, dass die Bukarester Jugend sich ihr Recht nicht auf einem würdigeren Wege zu suchen vermochte, sondern dasselbe mit Lügen vertheidigte.

Sind hingegen die in Rede stehenden drei Punkte nicht wahr, dann wäre wiederum all das ohne jede Bedeutung, was in dem Memorandum als Beleg angeführt wird, selbst dann, wenn die Daten an und für sich die reinste, unumstösslichste Wahrheit wären.

Die gewichtigsten Fragen sind aber die folgenden: Ist die ungarische Nation den Rumänen wirklich so feindselig gesinnt; beruht es auf Wahrheit, dass sie dieselben mit Hilfe ihrer staatlichen Institutionen in der Vergangenheit und in der Gegenwart verfolgt; ist es wahr, dass sie dieselben ihrer Nationalität zu berauben sucht; dass der Ungar im Osten Europas ein die Ordnung zersetzendes, der westlichen Cultur und Freiheit gefahrbringendes Element ist, dem die Rumänen als Hort der Ordnung und der Cultur des Occidents gegenüberstehen?

Aus all diesen Fragen ersteht dann eine neue Frage: woraus kann eigentlich auf all dieses eine competente Antwort geschöpft werden?

Zweifelsohne nur aus einer getreuen Schilderung der Zustände in der Vergangenheit und Gegenwart, begleitet von der Vorführung jener Institutionen und Gesetze, die unser und unserer Rumänen gemeinsames Loos dirigiren.

III.

Verweilen wir zuvörderst und nur so ganz im Allgemeinen bei der Frage der Ordnung und der Cultur. Wir wissen und erkennen es mit Freuden an, dass Herrscher, und die Regierungen, und was mehr, das junge rumänische Volk selber an der Einführung der Institutionen der westlichen Staaten mit fieberhafter Eile arbeiten, um so aus Rumänien einen Staat von europäischem Gepräge zu schaffen. Das Gebiet, das noch vor kaum einem Menschenalter in zwei Staaten zerfiel und ein trauriges Bild der sich unter dem Schatten türkischer Herrschaft entwickelnden Launen kleiner gutsherrlicher Tyrannen, des Elends der zu Frohndiensten gepressten armen landbautreibenden Classe und der Verwüstungen des Wuchers darbot : steht heute in der Form eines Staates mit europäischer Einrichtung vor uns, im Besitze vieler Fähigkeiten, die zur Begründung der Freiheit, des Volkswohlstandes und der Cultur führen.

Damit gelangte aber Rumänien nur eben erst an die Schwelle einer Aufgabe, der Ungarn schon seit einem Jahrtausende mit allen Ehren nachkommt. Ungarn erfüllte diese seine Mission schon damals, da die Freiheit in den Thälern der Donau und der Theiss vom byzantinischen Kaiserreiche, der päpstlichen Weltherrschaft, dem Römisch-deutschen Reiche und der russischen Despotie bedroht ward, die Cultur aber vom Einbruche der Kumanier, der Tataren und der Türkenherrschaft zerstört zu werden Gefahr lief. Und auch da noch erfüllte Ungarn diese seine Mission, als die Freiheit und Cultur bedrohenden Anstürme das Land auf *einmal* und von *allen* Seiten, westwärts und ostwärts trafen, der Staat unter der Wucht des Anpralls in Trümmer zerfiel, von denen ein Theil dem habsburgischen Scepter folgte, der andere Theil unter das Türkenjoch gezwängt ward, und der dritte Theil unter der Benennung von Transsylvanien Siebenbürgen) sich zum selbstständigen Staat organisirte.

So erfüllte Ungarn seine Mission, als Rumänien noch nicht existirte, und so erfüllt es dieselbe heute, da die Jahre der Prüfungen über das Land hinweggezogen, und es in die alten Rechte wieder eingesetzt ist.

Und das ist keine leere Behauptung: den politischen Beruf Ungarns und der ungarischen Nation, und seine staatserhaltende Fähigkeit beweist eine unbestreitbare Thatsache. Das Factum, dass niemand im Stande war, dem Lande jemals, selbst in seinem schwächsten Zustande, seine constitutionelle Freiheit zu nehmen. Rund um uns überall wurde die constitutionelle Freiheit vernichtet, die Institutionen derselben verschwanden auf dem ganzen Continente Europas. Grössere und gebildetere Nationen waren nicht im Stande, dieselbe zu wahren: in Ungarn aber wird dieselbe nach so viel absolutistischen Versuchen, nach kurzen Zeiträumen immer wieder hergestellt. Nur ein Punkt auf dem europäischen Continente bietet ein gleiches Schauspiel: die Schweiz, aber dieselbe war blos eine schwach verbundene Conföderation unter sich zersplitterter Municipien.

Es ist dies eine Thatsache, die sonnenklar beweist, dass die ungarische Nation die Liebe zur constitutionellen Freiheit nie verloren, und immer die Fähigkeit besass, dieselbe zu vertheidigen und zu bewahren. Und was es als sein Kleinod betrachtete ein volles Jahrtausend hindurch, worin seine Kraft bestand, seitdem es Europa bewohnt, woraus es seine materielle und moralische Ueberlegenheit schöpfte gegen alle seine Feinde: daran würde es jetzt vergessen, in einem Zeitalter, da Constitution und Freiheit selbst jene Völker so sehnsüchtig verlangen, die sie bisher nicht besassen? Daran würde es jetzt vergessen, und warum denn eigentlich? Jener rumänisch sprechenden Glieder der Nation wegen, deren Zahl sich zu der Gesammtheit so verhält, wie 2 zu 15?

Der Ungar hing an seiner Verfassung trotz äusserer Anfeindungen, theilte dieselbe Jahrhunderte hindurch mit allen Bewohnern des Vaterlandes ohne Unterschied der Nationalität und der Religion, und überwand so die Stürme der Jahrhunderte.

Entgegen den offen zu Tage liegenden Beweisen eines Jahrtausendes, würde er jetzt auf einmal einer verschwindenden Minorität gegenüber sich zum Despoten aufwerfen? Jeder Nüchterne wird ob solcher Hypothesen ungläubig das Haupt schütteln.

Wer mit gesunder Urtheilskraft begabt, der historischen Orientierung auch nur eine halbe Stunde widmet, der kann sich davon überzeugen, dass Ungarn seit einem Jahrtausend der Ordnung und Freiheit ein Hort, der Cultur des Westens ein Schild gewesen. Nicht darum, weil es sich dazu proclamirt, sondern weil es im Laufe so vieler Jahrhunderte hindurch den Pflichten dieses Berufes getreu oblag. Mit Freude vernehmen wir, dass nun auch schon die Walachei solch ein Hort und Hüter werden will, sehen auch, wie sie dem Ziele zueilt: das Streben aber, das in dem Memorandum seiner studierenden Jugend Ausdruck fand, können wir als ein zu diesem Ende führendes nimmer gelten lassen. Im Gegentheile, die Denkschrift leistet einzig den Zielen der Deconstruction. des Aufruhrs, der Unheilstiftung und der Unterdrückung Vorschub.

IV.

Im nebelhaften Hintergrunde des Memorandums der rumänischen Jugend verbirgt sich ein politischer Plan. eine Partei oder irgend ein Bund. Nicht das bedroht geglaubte Interesse der Freiheit und Bildung führte diese Jugend auf den fürchterlichen Abweg der Lüge und Verleumdung. sondern der Hintergedanke, unter dem listigen Vorwande der gefährdeten Freiheit und Cultur auf ungarischem Boden eine Irredenta Romania zu organisiren, um mit der Hilfe oder auf Grund derselben einen Theil Ungarns zu geeigneter Zeit auf friedlichem oder gewaltsamem Wege an Rumänien zu bringen und zu diesem Beginnen will sie sich schon im Vorhinein der Sympathien Europas vergewissern.

Indem wir hierüber sprechen, sind wir gehalten. auch die Natur dieses Planes zu analysiren.

Die dem Memorandum der rumänischen Jugend beigeschlossene Karte zeigt uns das mit blauer Farbe markirte von Rumänen bewohnte vereinigte Gebiet. aus Theilen von 4 Staaten bestehend.

Der erste Staat ist Russland, von dem sie Bessarabien bis zum Dnjester verlangen. Vom zweiten Staate. von Oesterreich verlangen sie den südöstlichen Theil der Bukovina. Als dritter Theil wird Serbien verlangt. von dem sie das auf der rechten Seite der Donau gelegene. von Rumänen bewohnte Gebiet verlangen. Wie sich die walachische Jugend mit diesen Staaten abfinden wird, das ficht uns einstweilen wenig an; aber der vierte Staat ist Ungarn.

Von Ungarn verlangen sie nur das Gebiet von 25 Comitaten im Flächenraume von 122.801 Kilometern im Gevierte. Die Einwohnerzahl derselben betrug nach der allgemeinen Volkszählung aus dem Jahre 1880 die Anzahl von 5.009.121 Seelen, von denen 2.392.525, also nicht ganz 48°/₀ die rumänische Sprache sprechen. Die Gesammtzahl der Bewohner Ungarns beträgt in runder Summe 16 Millionen.

Dass ein gesunder und selbstbewusster Staat ein solches Gebiet freiwillig überlasse und seine getreuesten Bürger, den grösseren Theil der Bewohner des Landstriches: 2.616.596 Patrioten in die Fremde treibe, damit die studierende Jugend eines fremden Staates 2.392.525 Compatrioten rumänischer Zunge wegen keinen Anlass zur Klage habe: wäre ein Ansinnen, das unter normalen Verhältnissen einem gesunden Gehirne unmöglich entstammen kann. Noch unsinniger erscheint dieses Verlangen, wenn man bedenkt, dass im östlichen Theile dieses Landstriches in unmittelbarer Nähe Rumäniens die Ungarn in geschlossenen Phalanxen wohnen und in vieren dieser an der Grenze liegenden Municipien in den Comitaten Csik, Háromszék, Maros-Torda und Udvarhely, unter 500.736 Bewohnern rumänisch sprechende nur 88.293 sind. Beinahe dasselbe Verhältniss besteht auch in den von Rumänen bewohnten westlichen Comitaten, wo unter einer Einwohnerzahl von mehr als dritthalb Millionen kaum 900.000 Rumänen, also ein Drittheil der ganzen Bevölkerung wohnen.

Wir schätzen die leitende Idee des Jahrhundertes, gewiss so sehr, wie nur irgend eine Nation, und taxiren

ihre Geltung im politischen Leben nach inrem vollen
Werthe, wie das ein jeder ernster und gerechter Staats-
man oder Philosoph thut. Doch die auf Verwirklichung
dieser Idee gerichteten Bestrebungen haben eben auch
ihre von der Klugheit und der Ehre gesteckten Marken.
Wo reine geographische Grenzen, eine sich auf viele Jahrhunderte erstreckende historische Entwickelung und das
starke Gefühl der Zusammengehörigkeit in ein Staats-
wesen Völkerschaften verschiedener Sprachen zusammen-
fügt: dort gereicht die von aussen angefachte Decom-
position der Freiheit und der Cultur nie zum Nutzen,
sondern immerdar zum Schaden, wo nicht zum gänzli-
chen Ruine. Doch wenn im Namen des Nationalitäten-
Principes die Auflösung eines auf historischer Entwickelung beruhenden und noch fest aufrecht stehenden Staatsorganismus verlangt wird, so hängt dies vor allem von
zwei Bedingungen ab.

Die erste, dass die Einwohnerschaft des verlangten
Landstriches die Einverleibung selber ausdrücklich verlange, und die zweite, dass die Bewohnerschaft des fraglichen Gebietes, wenn schon nicht bis auf den letzen
Mann, so doch in beinahe vollzähliger Majorität zur Anspruch erhebenden Nation gehöre.

Diese zweite Bedingung entfällt nun im vorliegenden
Falle gänzlich. Die Mehrheit der Bewohnerschaft des
beanspruchten Landes spricht keineswegs die rumänische,
sondern die magyarische und zum kleineren Theile die
deutsche Sprache. Gehörte daher dieses Gebiet heute
auch zur Walachei, will man das Nationalitätenprincip
und das der Majorität in seiner ganzen Starre anwen-
den: es müsste allsogleich an Ungarn zurückgegeben
werden. Von woher holt sich also die rumänische Uni-

versitätsjugend und der Tross der Panwalachen das
Recht, mit zu Grundelegung des Nationalitäten-Principes, auf den erwähnten Theil Ungarns ein Anrecht zu
formuliren. Angenommen, wir überliessen das strittige
Gebiet freiwillig, Rumäniens gesammte staatliche Macht
wäre nie im Stande, die jetzt schon beinahe 3 Millionen
(2.930,664) betragende magyarische Einwohnerschaft
innerhalb des staatlichen Rahmens der Walachei zu erhalten. Wohin käme dann die Freiheit, die Cultur und
der Wohlstand dieser beinahe drei Millionen Magyaren? Wohin käme all die Ordnung, die Freiheit und
Bildung, in deren Namen der gegen uns gerichtete
Angriff unternommen ward und als deren Hüter sich die
Walachen so gerne geriren möchten?

V.

Im Vorstehenden haben wir also gezeigt, dass das Gebiet, welches im Namen des Nationalitäten-Principes be-
ansprucht wird, in seinem grössten Theile nur von einer
rumänischen Minderheit bewohnt wird, und solchermassen die eine wesentliche Bedingung der im Namen des
Nationalitäten-Principes an uns gestellten Anforderung
durchaus fehlt. Ebenso ergeht es uns aber mit der zweiten Bedingung, die dahin geht, dass die Bevölkerung
eines derartigen Gebietes den Anschluss an Rumänien
allen Ernstes und in unzweideutigster Weise verlange, —
selbst wenn dieses Vorhaben zur Auflösung des ungarischen Staatsorganismus führen sollte.

Dass die in ihrer Mehrheit beinahe 3 Millionen betragende nicht walachische, sondern überwiegend magya-

rische und zum kleineren Theile deutsche, serbische und ruthenische Bevölkerung eine solche Veränderung nicht nur nicht verlange, sondern derselben sogar Widerstand entgegensetzen würde: das — so glauben wir wenigstens — wird die rumänische Jugend ganz offen anerkennen müssen.

Uns zu sagen, dass die rumänische Minderbevölkerung die Vereinigung mit Rumänien jedenfalls wünscht, werden sie wahrscheinlich keinen Augenblick anstehen.

Nun spricht jedoch dafür in des Wortes strengster Bedeutung kein einziges, für das Entgegengesetzte hingegen so manche ernste Anzeichen.

Klar und deutlich beweist die Geschichte der ungarischen Nation, dass die rumänisch sprechende Bewohnerschaft Ungarns Jahrhunderte hindurch im Glück und im Unglücke mit der ungarischen Nation in unentwegter, compatriotischer Solidarität verbunden war, und die Studentenschaft der rumänischen Hochschulen sucht in der Geschichte von 7—8 Jahrhunderten umsonst nach einem das Gegentheil bezeugenden Beispiele.

Auf was sie sich beruft und womit sie ihr nunmehriges Auftreten zu rechtfertigen sucht, sind die walachischen Aufstände aus den Jahren 1784 und 1848.

Der sogenannte Hora- und Kloska-Rummel aus dem Jahre 1784 erstreckte sich auf einige Comitate des damaligen Siebenbürgens und war ein einfacher Bauernaufruhr, hervorgerufen durch die Unerschwinglichkeit der gutsherrlichen Gerechtsame und der Strenge, womit dieselben ausgeübt wurden. Diesen Aufruhr zettelten walachische Leibeigene an. Der Zweck desselben war weder die Unabhängigkeit, noch aber die Losreissung.

Wohin hätten sich die Aufständischen auch anschliessen mögen?

Rumänien existirte dazumal noch nicht, und die einzelnen Provinzen, die Moldau, die Walachei, Bessarabien und die Dobrudscha, waren türkische Paschaliks.

Solcher Bauernaufstände gab es ja im Laufe der Jahrhunderte auch in Ungarn mehrere.

Der grosse Bauernaufstand vom Jahre 1514, den man auch nach seinem Anführer Georg Dózsa zu benennen pflegt, wurde von magyarischen Leibeigenen inscenirt. Er erstreckte sich auf das halbe Land und Leibeigene rumänischer Zunge haben daran nicht theilgenommen.

Den sogenannten slavonischen Aufstand vom Jahre 1653 stifteten auf den Sziszeker und Novigrader Herrschaften des Zágráber (Agram) Domkapitels und der Grafen Erdödy croatische und deutsche Leibeigene an. Der jenseits der Tisza ausgebrochene sogenannte Péro'sche Aufstand vom Jahre 1735 hatte Magyaren und Serben zu Urhebern, während der sogenannte Choleraaufstand vom Jahre 1831 von Slovaken aus dem Zempléner Comitate veranstaltet wurde.

Bei allen diesen Aufständen, denen der fragliche nach Hora und Kloska zubenannte Aufstand vom Jahre 1784 ganz gleich zu stellen kommt, ermangelt es völlig des staatsrechtlichen und höheren politischen Momentes. Aus dem Gesichtspunkte damaliger Rechtsverhältnisse aus betrachtet, waren es weiter nichts als agrarsocialistische Bewegungen.

Die walachische Jugend würde aber sehr irren, glaubte sie, der Schauplatz solcher Bewegungen sei nur Ungarn gewesen und nur ungarische Grundbesitzer seien es, gegen die man aufgetreten. Vom XV. Jahrhunderte angefangen gab es solche Aufstände in überaus grosser Anzahl in Deutschland, Böhmen, Mähren, in Galizien noch vor 45 Jahren; von schauererregendem Blutvergiessen begleitet entstanden und wiederholten sich derartige Ereignisse in Russland bis auf den heutigen Tag. Desgleichen sind sie in Irland auch heute nicht selten; und was mehr, auch in einigen Bezirken Rumäniens traten erst in allerjüngster Zeit ähnliche überaus ernste Bewegungen zu Tage, deren Grund darin lag, dass rumänische Grundbesitzer bei Gelegenheit der Ordnung der Besitzverhältnisse die gewesenen Leibeigenen um einen grossen Theil Cultur- und Weidelandes gebracht hatten.

In den walachischen Aufstand vom Jahre 1848 mengten sich zwar politische Motive, wenn aber die rumänische Jugend diese zu ihren Zwecken ausbeuten will, dann ist sie, was deren Natur betrift, in einem Irrthume befangen, oder aber sie kennt dieselbe überhaupt nicht.

Der Rahmen unserer Aufgabe würde unmässig erweitert, wollten wir auch nur eine kurze Skizze dieser Bewegung geben; auf zwei besonders wichtige Momente aber müssen wir jedenfalls hinweisen.

Erstes Moment. Vom 14—17. Mai des Jahres 1849 wurde zu Balázsfalva eine Volksversammlung gehalten, die an den Kolozsvár-er (Klausenburg) Landtag eine hunderter, an den König von Ungarn, Ferdinand V., aber eine dreissiger Deputation entsandte.

Keiner dieser Deputationen fiel es ein, weder hier noch dort auch nur mit einem einzigen Worte darauf anzuspielen, als ob es der rumänisch sprechenden Einwohnerschaft in dem Sinne käme, aus dem Staatsverbande auszuscheiden. Die Deputationen trugen die Nothwendigkeit weittragender innerer Reformen vor, die zum Theile schon damals, zum Theile aber seither auf dem Wege ungarischer constitutioneller Gesetzgebung und Regierung ihre Verwirklichung fanden. Reformen, die dazumal das gesammte Land in ganz gleicher Weise und in ganz gleicher Richtung interessirten. Es war eine Bewegung, die sich auf das ganze Land, ja über ganz Europa erstreckte; damals vertauschte Ungarn seine auf der Basis des Feudalismus beruhende Verfassung mit der parlamentarischen Constitution, indem zu gleicher Zeit alle Rechte der bis dahin im Genusse von Privilegien befindlichen adeligen Klasse auf die ganze Bevölkerung ausgedehnt wurden.

Der Verlauf dieser Dinge führte damals zum Kriege gegen Österreich und das kaiserliche Haus, und in diesem Kriege wurden die Walachen der ungarischen Sache abtrünnig und erhoben ihre Waffen gegen dieselben. Hier gehen wir auf das andere wesentliche Moment über, welches darin besteht, dass die Führer der walachischen Bewegung: Jancu, Axente, Prodan, Buteanu, Barnutiu, der Bischof Siaguna und alle die anderen, ohne jede Ausnahme durchwegs in den Sold der österreichischen militärisch-absolutistischen Reaction traten und nach dem Verlaufe des ungarischen Freiheitskampfes von der österreichischen absoluten Regierung auf das bereitwilligste mit Gehalten, Pensionen, erzbischöflichen Einkünften und Auszeichnungen bedacht wurden. Die ungarische Nation hat die blutigsten Schlachten für ihre Freiheit und ihre Unabhängigkeit nicht nur gegen die vereinigten Heere Österreichs und Russlands, sondern auch gegen die aus Wien geleiteten croatischen, serbischen, rumänischen und slovakischen Aufständischen, mit heldenmüthiger Entschlossenheit ganz allein durchgekämpft, als aber der

Kampf zu Ende war, unterdrückte der österreichische Absolutismus die Croaten, Serben, Rumänen und Slovaken nicht minder als die Ungarn. Niemals bewahrheitete es sich besser als damals, dass die Freiheit und das Wohlbefinden dieser Völker, die Ordnung, gepaart mit Freiheit, einzig und ausschliesslich nur im Rahmen des ungarischen Staates und seiner Constitution lebe, nur darin sicher erblühe. Im Jahre 1850 ward Ungarn durch die österreichischen und russischen Heere gänzlich geschlagen, die Constitution wurde confiscirt, und damit war aber auch aller constitutioneller und politischer Freiheit der Croaten, Serben, Rumänen und Slovaken ein Ende gemacht.

Die rumänische Universitäts-Jugend müsste denn alle und jede geschichtliche Gerechtigkeit verleugnen, wollte sie die Führer des walachischen Volkes im Freiheitskampfe von 1848 zu Freiheitshelden umtaufen. In den Jahren 1849—50 gelangte in Ungarn mit der Beihilfe Russlands die blutige Reaction zum Siege. Die Führer der ungarischen Nation erwartete der Galgen, Kerkermauern und das Exil. Die Führer der rumänischen dagegen wurden von der Reaction zu gleicher Zeit mit Belohnungen und Auszeichnungen bedacht . . . . . das rumänische Volk selber aber wurde fallen gelassen. Helden der Freiheit und Aufklärung entstehen in den Werkstätten, wo die Geschichte der Völker gemacht wird, auf eine ganz andere Weise!

Auch aus diesem wenigen erhellt, in welchem Masse und wen doch eigentlich der Vorwurf des Friedensbruches trifft, und wer mehr Anwartschaft hat auf die erhabene Stellung eines Hüters der friedlichen Cultur des Westens im Osten von Europa.

VI.

Zur Förderung der Bestrebungen der rumänischen Agitation ist auch die Wissenschaft mobilisirt worden. Schwer wird es aber ihren ernsthaftesten Verehrern Clio im Kleide einer Dienstmagd wieder zu erkennen. Den Rechtstitel zum Besitze der wiederholt genannten Gebiete gründet Jung-Rumänien unter anderem auch darauf, dass die Rumänen die Ureinwohner Siebenbürgens seien, und als autochtones Volk das Recht haben, ihr Land von den Ungarn zurückzuverlangen. Die Wissenschaft lächelt über ein Begehren dieser Art, weiss ja doch jeder halbwegs Gebildete, dass wenn die Magyaren auch immerhin später gekommen wären als die Rumänen, doch auch diese ihrerseits Vorgänger gehabt, vor denen auch wiederum jemand hier gehaust haben muss. Könnte man auf Grund dieses Rechtstitels Länder und Besitzthümer mit Erfolg zurückverlangen, so wäre Europa heutzutage von lauter rechtsschänderischen Nationen bewohnt, und Europa selbst dürfte dann niemandem angehören. Freilich solch naive Rechtstitel reizen den Gebildeten nur zum Lächeln, aber es gibt auch Schichten, denen davon die Augen blutig unterlaufen: das arme unwissende Bauernvolk nimmt jede Silbe dieser Pseudo-Wissenschaft im wortgetreuen Sinne. Fortan sieht es in jedem nichtwalachischen Grundbesitzer nur den Usurpator des ihm eigenthümlichen Grundes und das Bauernvolk auf solchen Abwegen zum Aufstand und damit seinem Verderben entgegen zu treiben, muss nicht gar so schwer halten.

Und dabei geschieht all das zur Erreichung solcher Ziele, die dem einfachen Landmanne gänzlich ferne liegen. Wahrscheinlicherweise ist es der erwähnte Umstand, wesshalb in Rumänien die Wissenschaft selber mit solcher Hartnäckigkeit an dieser Behauptung hängt, und wir dieselbe natürlich auch im Memorandum vorfinden. Es bleibt uns also nichts anderes übrig, als hier die bisherigen Resultate ernster Geschichtsforschung, wenn auch nur in nuce, anzuführen. Ganz natürlich kann uns nicht die Frage beschäftigen, ob, wenn auch wahr, dass die walachische Race die autochtone Bevölkerung der fraglichen Theile Ungarns sei, dies bei dritthalb Millionen dieser angeblichen Urbewohner gegenüber den beinahe 15 Millionen anderer Völker auch Anspruch auf derartige Rechtstitel verleihen kann, wie solche hieraus derivirt wurden: sondern selbstverständlich nur das, ob denn die Walachen wirklich und wahrhaftig die Urbewohner der östlichen Gauen Ungarns, besonders aber jenes Theiles bilden, der gemeinhin Siebenbürgen genannt wird.

Die Ansicht, die bei einem oder dem anderen ausländischen Gelehrten noch vorauszusetzen ist, dass nämlich die siebenbürgischen Walachen die Enkel der von Trajan in die Provinz Dacien geschickten Colonisten wären, hat keinerlei wissenschaftliche Basis. Das ist ebenso ein Märchen, wie das vom Wolfe, der Romulus und Remus gesäugt, oder vom troianischen Ursprung der Stadt und Bewohner von Troyes in Frankreich.

Das Märchen rührt von Bonfinius, dem italienischen Gelehrten her, der am Hofe des ungarischen Königs Mathias Corvinus, des Sohnes Johann Hunyady's lebte und befangen in der kurzsichtigen Sprachwissenschaft jener Zeit, den Ausspruch gewiss recht leichthin gethan

haben mag. Derselbe ist seither in Europa allgemein ver-
breitet und die heutigen Rumänen bauen sogar ihre ganze
Geschichte darauf.

Die neueren geschichtlichen und etymologischen For-
schungen haben aber ganz anderes resultirt, woraus wir
das folgende hervorheben:

1. In dem Dacien des Trajan gab es nie einen Romanismus wie
ein solcher in Frankreich und Spanien bestand. In den erwähnten
Ländern fassten nicht blos die römische Macht und die lateinische
Literatursprache festen Fuss, sondern es siedelten sich auch italische
Völker an, die sich mit den Kelten und Iberen vermischten und so
den Grund der volksthümlichen Sprachen legten, aus denen das
heutige Spanische, Portugiesische, Catalaunische und Französische
sich entwickelte. In Dacien waren die Colonisten nur römische
Bürger, die aber orientalischer Herkunft waren und zwar gab es
unter ihnen Dolicheer, Commageneier, Syrier, Palmyreer, Galateer
aus Kleinasien, Griechen, Egypter und andere aus der östlichen
Hälfte des römischen Reiches gebürtige Colonisten. Diese sprachen
in den dacischen Städten neben der lateinischen Literatursprache
auch noch die Sprache ihres Vaterlandes, die meistentheils in die
Gruppe der semitischen Sprachen gehörte. Und thatsächlich fand
man auf einem dacischen Denksteine neben der lateinischen auch
eine palmyreische Inschrift.

Diejenigen, die den dacischen Ursprung der Walachen beweisen wollten, dachten nicht daran, dass sowohl die westlichen romanischen Sprachen, wie das Spanische, Französische und Rhätoroma-
nische als auch das östliche Walachische sich nicht aus der lateinischen Literatur-Sprache entwickelten, denn zu ihrer Entwickelung
gehörte eine ethnographische Basis: ein Volkselement italienischen
Ursprunges, an dem es aber in Dacien gänzlich ermangelte.

2. Neben diesem Beweise ist von gleicher Wichtigkeit ein anderer, den die Wissenschaft dem Grazer Professor Wilhelm Tomaschek zu verdanken hat, der nämlich bewies, dass die walachische
Sprache in Dacien deshalb nicht entstehen konnte, weil man ihren
Ursprung erst in das V- VI. Jahrhundert nach Christus versetzen
kann. Tomaschek (Zur Kunde der Hämus-Halbinsel, Sitzungs-

berichte, Wien, 1881. 486. sagt: «Von einer Continuität der Wohnsitze der Walachen in dem Karpathengebiete seit der römischen Periode kann unseres Erachtens gar nicht die Rede sein . . . . Die Sprache repräsentirt in dem weitaus überwiegenden romanischen Grundstock nicht den Zustand des sermo latinus der früheren Kaiserzeit, sondern eine viel spätere Entwickelungsepoche, den Zustand des sermo rusticus von 400—600 nach Christi.»

Wenn daher Dacien zwischen 107-260 eine römische Provinz war, so zerfällt die ganze Hypothese, dass die walachische Sprache, deren Ursprung man also erst 200—300 Jahre nach dem Sturze Daciens suchen kann, dort entstanden wäre.

Wo ist sie denn dann eigentlich entstanden? Kopitár, der ausgezeichnete Slavist, war der erste, der den genetischen Zusammenhang der walachischen Sprache mit der bulgarischen und albanischen Sprache wissenschaftlich bewies. (Albanische, walachische und bulgarische Sprache, Jahrbücher der Literatur. Wien. XLV. 1829.) Nach ihm finden wir bei den Deutschen in den Werken Roesler's, Hunfalvy's und Miklosich's, bei den Ungarn in den Werken Paul Hunfalvy's und Ladislaus Réthy's eine lange Reihe der Beweise, dass die Walachen nur auf der Balkanischen Halbinsel ihren Ursprung nehmen konnten, wo besonders in Illyrien, dem Gebiete des heutigen Albanien in der Römerzeit auch wirklich Völkerschaften italischer Herkunft wohnten, die sich dort bis auf die Völkerwanderung erhielten und die volksthümliche lateinische Sprache sprachen. Die walachische Sprache, die erst aus dem V—VI. Jahrhunderte herrührt und in der die Verwandtschaft mit dem Albanischen sehr leicht zu ersehen ist, kann ihren Ursprung nur auf der Balkanhalbinsel suchen.

3. Ausser diesen Beweisen gibt es auch noch einen dritten, in der Walachen-Frage nicht minder entscheidenden. Tomaschek weist in seiner oben citirten Abhandlung auf einen Umstand hin, der vor ihm niemandem aufgefallen sein dürfte, und dieser Umstand ist, dass in der walachischen Sprache die älteste Terminologie des Christenthums lateinisch und von solcher Natur ist, die eine starke und entwickelte christliche Hierarchie voraussetzt. Wir finden darin beinahe alle Begriffe der christlichen Gesellschaft. Wer nun mit der Geschichte des Christenthums im Klaren ist, wird recht gut wissen, dass bis zum Regierungsantritte des Kaiser Aurelianus von einem

Christenthume nicht die Rede sein kann. Die dacischen epigraph-bedeckten Denkmäler wissen nun zwar von Mythras und von der Isis, von Jerubal und von Malagbel, vom paphlagonischen Glycon und dem Jupiter von Doliche und Heliopolis zu erzählen, eine Spur des Christenthumes aber findet sich auf keinem einzigen Denksteine.

Desto mehr christliche Denkmäler findet man aber in Illyricum, Galonae, Naronna und auf dem Balkan, überhaupt halt dort, wo das Christenthum seit dem IV—V. Jahrhunderte blüht, und wo sich die orientalische Kirche entwickelte.

4. Zur orientalischen Kirche übergehend können wir entgegen den Vertheidigern der Continuität, auf ein neues Argument hinweisen. Das Walachenthum gehört dem byzantinischen Christenthume an, in der Sprache aber haben sie ausser der lateinischen Terminologie auch noch viele andere Denkmäler, die davon zeugen, dass sie jene Zeit durchlebte, in der das lateinische Christenthum in das griechische übergeht, oder anders gesagt die Zeit, da in der östlichen Hälfte des römischen Reiches die lateinische Sprache mehr und mehr verdrängt wird und an die Stelle desselben das Griechische tritt. Diese Ereignisse, die sich ja doch nur auf der Balkanhalbinsel zutragen konnten, nach Dacien zu verlegen, wäre schon etwas zu kindisch, und nicht minder, damit eine unmögliche Historie, den dacischen Ursprung der Walachen demonstriren zu wollen.

5. Nach jenen Daten, die als den Ort des Ursprunges der Walachen den Balkan bezeichnen, müssen wir noch eines erwähnen : dass nämlich eine Schwestersprache der donau-karpathischen walachischen Sprache, welche mit derselben in jedem wesentlichen Zuge übereinstimmt, bis auf die heutigen Tage in Macedonien existirt. und eine andere Schwestersprache derselben in Istrien gesprochen wird. Schon die weite Verzweigung dieser drei Sprachzweige ist an und für sich genug Beweis, um daraus entnehmen zu können, auf welche Art das Walachenthum, dieses Hirtenvolk par excellence, das seine Wohnorte leicht zu wechseln vermochte — vom Balkan aufwärts ziehend bis in die Gegenden jenseits der Donau gewandert kam und auch dort in erster Linie die ihm am meisten zusagenden Gebirgsgegenden aufsuchte.

VII.

So steht es um die Frage vor dem Richterstuhle der Wissenschaft. Uns aber scheint dieselbe doch nur mehr akademischen Werth zu besitzen, vorausgesetzt, dass sie angesichts der naiven Massen nicht zu Agitations-Zwecken ausgenützt wird. Die rumänische Akademie, die rumänische Wissenschaft, die Jugend und die ganze Nation, sie bedünken uns, da sie an diesem Märchen so hartnäckig festhalten, gleich einem Waisenkinde, das seine Mutter sucht, dessen Wunsch es aber nicht ist, seine eigentliche Gebärerin zu finden, sondern sich eine so hoch als möglich im Range stehende und immens reiche Mutter zu acquiriren. Die Frage ist daher nicht nur im Allgemeinen, sondern auch für den vorliegenden Streitfall von unbedeutender Tragweite, denn wäre auch alles Gesagte wahr, so könnte man irgend einen Rechtstitel daraus doch nicht ableiten. Aber ohne jedes Interesse ist sie doch nicht, und charakteristisch für unsere Gegner ist sie jedenfalls, beginnen sie ja doch nichts geringeres, als dass sie an die Stelle der Geschichts-Wissenschaft ein naives Märchen hinsetzen, und um dann bei dem Märchen verbleiben zu können, bemüssigt sind, die Fälschung der Geschichte durch Jahrhunderte fortzusetzen.

Denn nachdem die Bukarester Geschichtsschreibung einmal festgestellt hatte, dass zur Zeit der magyarischen Einwanderung in Siebenbürgen und zum Theile auch hüben der siebenbürgischen Provinz, schon drei blühende und selbstständige walachische Fürstenthümer bestanden hatten, ward es ihnen dann auch nachgerade zur Pflicht, diese Fürstenthümer, die doch von der Erde nicht verschlungen wurden, auch aufrecht zu erhalten. Doch etwas zu erhalten, was nicht besteht, ist eben wieder nicht allzuleicht. Aber eine Geschichtsforschung, die auf solchen Pfaden einherschreitet, kommt nicht so leicht in Verlegenheit.

Die Grenzen des ungarischen Reiches veränderten sich seit der Eroberung des Landes durch unsere Väter nicht mehr und nicht minder, nicht seltener und nicht öfter, als dies auch bei anderen Ländern der Fall zu sein pflegt. Oesterreich, Steiermark, Mähren, sie alle standen einst unter der Botmässigkeit des ungarischen Scepters. Im Süden gehörte zu Ungarn der halbe Balkan, im Osten ward es vom Schwarzen, im Westen vom Adriatischen Meere bespült. Einer derartigen Veränderung aber waren diese Grenzen nie unterworfen, dass derjenige Landstrich, den man Siebenbürgen zu nennen pflegte, nicht unmittelbar zur ungarischen Krone gehört haben würde. Nur vom XVI. Jahrhundert an, in der Zeit der sogenannten Türkenherrschaft, da nach dem Unglückstage von Mohács ein Theil des Landes den Türken anheimfiel, der andere Theil von den Habsburgern beherrscht wurde: in dieser Zeit der herbsten Schicksalsschläge reducirte sich Ungarn auf den östlichen Theil des alten Landes, der fortan unter der Herrschaft nationaler Fürsten stand. Das Land bestand fortan aus drei von einander gerissenen Theilen, deren östlicher sich zum unabhängigen Fürstenthume Siebenbürgen (Erdély) constituirte. Hierauf baut nun die rumänische Geschichtsforschung ihre gesammte Logik. Daraus leitet sie den Satz ab, dass Siebenbürgen immer im Besitze einer mehr oder minderen Selbstständigkeit war, und seine Herrscher die Woywoden der Siebenbürger Walachen, Siebenbürgen selber aber der Rechtsnachfolger des uralten walachischen Siebenbürgens, Daciens gewesen ist.

Die historische Wahrheit ist nun die folgende.

Von der Gründung des ungarischen Staates an, bis zum Anfange des XVI. Jahrhundertes war Siebenbürgen ein integrirender Theil des ungarischen Staatsgebietes, das den Namen eines Landes nie verdiente. Es hatte in dieser Zeit kein selbstständiges Wappen und wird im Staatstitel unserer Könige nicht erwähnt. Der Woywode — das Wort ist übrigens slavischen Ursprunges — ist auf diesem Staatsgebiete nichts weiter als der höchste königliche Beamte, er besitzt das ius collationis bonorum, das jeder selbstständige Fürst besitzt, nicht; in der Eigenschaft als königlicher Beamter präsidirt er wohl auf der Generalversammlung der drei Nationen, der Magyaren, Székler und Sachsen, die über je ein, in administrativer Hinsicht von einander abgesondertes, Gebiet verfügen. Auf dieser Generalversammlung werden nun zwar etwelche local-obrigkeitliche Verordnungen gebracht, von Gesetzen aber keine Spur, denn das war Sache des ungarischen Reichstages. Das Walachenthum nun, das allmählig unter diese drei Nationen hineinsickerte, spielt durchaus nicht die Rolle einer gleichberechtigten vierten Nation. Einzelne von ihnen werden durch Privilegien der Könige nobilisirt, und wurden dann auf diese Weise Glieder der ungarischen adeligen Nation. Im feudalistischen Mittelalter machte ja überall nur der Adel die Nation aus, und in Siebenbürgen ebenso, wie im ganzen übrigen Ungarn bestand bis auf die neueste Zeit nur ein einziger Adel: der ungarische. Der Woywode des transsylvanischen Landestheiles stand von jeher an der Spitze des ungarischen Adels, und kann daher kein Woywode der Walachen sein.

Wie daher nach dem Vorausgeschickten Siebenbürgen
vor der Schlacht bei Mohács (1526) keine walachische
Provinz war, so ist sie es auch nach derselben nicht gewesen.

Nach dieser unglücklichen Niederlage wurde das Land
unter die Kronprætendenten vertheilt. Die südlicheren
Regionen überschwemmten die Türken, der westliche
Theil kam unter die Herrschaft des Hauses Habsburg, im
östlichen Theile hingegen erhielt sich die Partei der
nationalen Fürsten. Und diese Partei der nationalen
Fürsten trennte Siebenbürgen von den übrigen Theilen
Ungarns und schuf daraus ein selbstständiges Fürstenthum.

Das war aber ein Werk des ungarischen Adels, nicht
des walachischen Hirtenvolkes, und Siebenbürgen wurde
kein walachisches, sondern ein ungarisches Fürstenthum,
an dessen ungarischem Hofe ungarische Sitten, ungarische
Cultur und die ungarische Sprache dominirten.

Das übrige Ungarn betrachtete diese Lostrennung Siebenbürgens ganz selbstverständlich als temporär. Auch die
Grenzen der an einanderstossenden Gebiete wechselten
fortwährend und wäre der endgiltige Sieg in dem Wettkampfe der beiden Theile den Anhängern der nationalen
Fürsten in die Hände gefallen: der Lostrennung wäre die
Vereinigung im Augenblicke des Sieges gefolgt. Das
Schicksal wollte aber, dass der Sieg den Habsburgern,
einer fremden Herrscherfamilie zukomme, deren Interessen es viel besser entsprach, wenn die beiden Theile
von einander losgetrennt blieben. Aber die in dieser Zeit
auf je einem besonderen Reichstage versammelten Stände
wünschten stets aufs Neue, dass: «die vom neidischen
Schicksal und der Tollkühnheit Einzelner von einander

getrennten Theile unseres Vaterlandes wiederum vereini-
get werden.»

Die Gesetze von 1848 erweckten endlich die Kraft
und Einheit Ungarns. Die so oft geforderte Union
Siebenbürgens mit Ungarn wurde ausgesprochen. Zugleich in den beiden Landtagen, dem siebenbürgischen
und dem ungarischen. Und aus dem Landtage, der die
Union proclamirte und den diesbezüglichen Gesetzartikel
schuf, war niemand ausgeschlossen, der an demselben
theilzunehmen das Recht hatte. Der gesammte ungarische
Adel, gehörten die Einzelnen auch welch immer Nationalität an — beschloss diese Union: derselbe Adel, der in
denselben Tagen seiner Privilegien entsagte, die Constitution auf alle Bewohner des Landes ausdehnte, auf alle
ohne Unterschied der Nationalität: derselbe Adel, der
die parlamentarische Regierungsform proclamirte und die
Feudallasten abschaffte.

Derselbe Adel, der mit all diesem ausdrücken wollte,
dass er seine hundertjährigen Rechte, seine Privilegien
und auch seinen Platz dem allgemeinen und unificirten,
nunmehr schon auf democratischer Basis beruhenden
Reichstage übergibt.

Wie blutiger Hohn scheint es nach alldem, wenn
die rumänischen Jünglinge — der Ordnung, der Freiheit und der westlichen Cultur zu Hilfe eilend —
sich auch noch auf das Jahr 1865 berufen. In diesem
Jahre, 17 Jahre nach der grossen Erlösungsstunde und
der Begründung des democratischen Staates, treten einige
rumänische Männer im Namen der Walachen mit dem
Verlangen auf, dass das alte Siebenbürgen aus der Zeit vor
1848 restituirt werde, mit dem Unterschiede, dass unter
die früheren drei privilegisirten Nationen: die Magya-

ren, Székler und Sachsen, als vierte die rumänische Nation
aufgenommen werde.

Wir unterschätzen die flammende Racenliebe und die
hehren Ambitionen der rumänischen Jugend und der rumänischen Patrioten keineswegs; dazu aber, dass sich
jemand in die Geschichtsschreibung und staatsrechtliche
Disputationen und damit in einen politischen Process
einlasse, ungleich dem unseren und noch dazu vor dem
Richterstuhle eines distinguirten Publicums, dazu genügt
eine noch so grosse Liebe und eine noch so grosse Am-
bition keineswegs, dazu gehört ein Geschichtswissen
und die Kenntniss des Staatsrechtes.

Mit dem Angeführten glauben wir denn auch — mit
Rücksicht auf unseren spärlich bemessenen Raum —
all das erschöpft zu haben, was sich insbesondere auf
die Vergangenheit bezieht, und woraus zur Genüge
ersichtlich ist, dass durch nun schon beinahe einem
Jahrtausend Hüter der Ordnung und Cultur im Osten
von Europa die Ungarn gewesen sind, die als Schutz-
wehr des Westens den Anprall der Kunen aufhielten, an
denen sich zweimal die Sturmfluth der Tataren brach,
und von deren Land die Türken bloss die Hälfte zu
unterjochen im Stande waren, wodurch sie gezwungen
wurden, sich ihrer Eroberungsgelüste nach dem ganzen
Europa zu entschlagen. Auch dass auf dem ganzen Continente sich nur Ungarn allein seine Constitution bewahrte
und sich dadurch zum Horte, ja noch mehr, alleinigen
Depositär der Freiheit emporschwang, war aus dem
Vorhergegangenen ersichtlich. Und endlich auch noch,
dass in der ganzen Geschichte Ungarns das Walachenthum als solches überhaupt nicht vorkommt; und daher
die Behauptung, die ungarische Nation sei schon in der

Vergangenheit ein Feind desselben gewesen, nichts anderes als eine gewagte Behauptung der Neuzeit ist. Die verschiedenen Nationalitäten wurden in der Vergangenheit, wie solches das ganze Mittelalter hindurch überall so gewesen, überhaupt nicht in Betracht genommen. In der Vergangenheit gab es nur Edelleute, Bürger und Leibeigene.

In jeder dieser drei Classen waren die verschiedensten Nationalitäten vertreten: aber natürlich da nur der Adel die politische Nation ausmachte, existirte kein anderer Adel als nur der ungarische. Dieser aber, wie schon erwähnt, erstreckte sich auf das ganze Land, und holte seine Mitglieder auch aus den Nationalitäten, die so als je ein «membrum sacræ Regni Hungariæ coronæ» solidarisch mit einander verbunden, die ungarische politische Nation bildeten.

Wer vermag noch daran zu zweifeln, dass die Rumänen aus Ungarn bis auf den letzten Mann schon längst verschwunden wären, wäre ihnen der magyarische Stamm feindlich gesinnt gewesen und hätte er an ihrer Vernichtung gearbeitet.

Aber nicht nur dass er dies nicht gethan, und kein Zeitalter der ganzen Geschichte von gewaltthätigen Massregeln und feindlichen Auftritten der Ungarn, sei es gegen die Walachen, sei es gegen die anderen Nationalitäten etwas weiss: steht im Gegentheile verzeichnet, dass der Magyare alle die unterworfenen Völker als ihm gleichstehende Waffenbrüder anzuschauen gewohnt war, und sie weder in ihren Sitten noch in ihrer Sprache jemals belästigte.

Wenn nun die Geschichte von einer Ausrottung der Walachen oder der anderen hier wohnenden nicht ma-

gyarischen Völker nichts weiss, so erzählt sie doch
ungleich mehr von der so oft erfolgten, beinahe gänz-
lichen Vernichtung der Magyaren. Einmal verwüsteten
die Tataren die von Magyaren bewohnten Landstriche
so sehr, dass dort Thiere hausten, wo sonst die Men-
schen gewohnt. Das zweitemal entvölkerte wieder die
türkische Invasion denjenigen Theil des Landes, in dem die
Hauptmasse der Magyaren ihr Heim aufgeschlagen hatte.

In die Berge gingen Türken und Tataren niemals
sengen und brennen. Und die Slaven hatten ihre Wohnsitze in den nördlichen, die Walachen in den südlichen
Gebirgen aufgeschlagen.

Die Eroberer, besonders aber die westlichen ver-
folgten nur die Magyaren, nur diese waren sie bestrebt
mit allen Mitteln der politischen Kunst zu vernichten,
wohl wissend: dass sich, gelingt es ihnen einmal die
Magyaren zu brechen, dann fürderhin in dem Karpa-
ten-Becken kein Volkselement vorfinde, das im Stande
wäre, die Ordnung, die Sicherheit, und die Constitution aufrecht zu erhalten; sondern nur solche Elemente, in denen, wie in den Slaven, Rumänen und allen
anderen nicht magyarischen Stämmen, der Eroberer eine
seine Ziele fördernde Masse erhielte.

Und wenn heute, da wir eine bluttriefende Geschichte
von tausend Jahren aufzuweisen haben, die Nachkom-
men jener vor tausend Jahren Hereingewanderten, trotz
zweimaliger grässlicher Vernichtung und so viel unge-
heueren Kriegen sich zusammenzählen, und wir uns noch
immer neun Millionen Magyaren finden (Volkszählung
von 1890), die mit sieben Millionen anderssprachiger Völker in constitutioneller Freiheit leben: so ist schon allein
dieses Factum von einer so immensen Beweiskraft für die

staatengründende und staatenerhaltende Fähigkeit der magyarischen Race, wie sich von einer solchen die Bukarester Jugend nichts träumen lässt.

Der Magyare beschützte die mit ihm unter demselben Scepter lebenden slavischen, deutschen und walachischen Racen; bewahrte seinen Staat, seine constitutionelle Freiheit, seine Unabhängigkeit und erhielt sich — ohne sich eine fremde anzueignen — seine Sprache, die weder mit den slavischen noch mit den anderen westlichen Sprachen, in der Form und im Wesen auch nur im mindesten verwandt ist. Aber er vervollkommnete diese seine Sprache, indem er dieselbe nicht nur zur Trägerin einer Original-Literatur machte, sondern auch die griechische und lateinische Literatur in dieselbe übertrug, und dazu noch die Perlen italienischer, spanischer, französischer, englischer und deutscher Classik, nebst vielem Hervorragenden aus allen Literaturen.

Das alles zeigt nicht, dass sich jemand, und sei er nun auch wer immer, unterfangen könnte, der westlichen Cultur zum Schutze gegen die Ungarn zu Hilfe kommen, sondern viel eher, dass sich die Ungarn von jeher völlig mit der Cultur des Westens identificirten, was auch noch aus der ältesten Geschichte zwei Umstände beweisen.

Zuerst der Umstand, dass die Ungarn, als sie zum Christenthume übertraten und zwischen den zwei Kirchen desselben, der orientalen und der occidentalen zu wählen hatten, sich für letztere entschieden und sich mit ihrer Cultur an die Cultur Westeuropas anschlossen.

Der zweite, dass sich die Grenze der Reformation im Osten Europas kaum weiter, als bis an die Grenzen Ungarns erstreckte — darüber hinaus war dieser unge-

heure Aufschwung schon ohne jede Wirkung. Die Walachen gehörten der griechischen Kirche an, und verblie-
ben ihr auch treu, nur einen Theil derselben gelang es
dem Einflusse des ungarischen Staates als Unitarier in
den Verband westlicher Civilisation zurückzuführen.

Es ist daher eher brüske Ignoranz, als ein ernster Vorwurf, wenn die walachische Universitätsjugend die Magyaren als ein civilisationsfeindliches Element hinstellt.
Was ist das für eine Wahrheit, welche die rumänischen
Jünglinge vertreten, wenn· bei deren Beweisführung alle
die aufgestellten Sätze und Behauptungen weiter nichts
beweisen, als eigene Unwissenheit oder aber vorsätzliche
Böswilligkeit.

VIII.

Ueber diese Allgemeinheiten einmal glücklicherweise
hinausgekommen, suchen wir uns nun bei den einzelnen Re-
gierungszweigen einer Antwort zu erholen, auf die Frage:
ist der Magyare ein Feind der persönlichen, culturellen
und sprachlichen Freiheit der Walachen, wie ihm solches
zum Vorwurfe gemacht wird, oder ist er es nicht?

Halten wir zuerst in der *Administration* engere Um-
schau. Sogar Ungarn werden gegen uns angeführt, der
verew. Baron Paul Sennyey nämlich, der unserer Besten
Einer war und in einer zu Anfang der siebziger Jahre
gehaltenen Reichstags-Rede unsere Administration eine
asiatische nannte.

Angenommen, die Kritik des hervorragenden Oppo-
sitionsmannes wäre zutreffend und der Ausdruck berech-
tigt, daraus folgte nur einzig, dass die ungarische Ver-

waltung eine sehr schlechte sei. Aber wäre sie es nur für die 2'/₂ Millionen Rumänen? Mit nichten.

Die angeführten 8, heute schon 9 Millionen Magyaren und die 2'/₃, heute schon 2³/₄ Millionen Rumänen leben ja unter ganz denselben administrativen Gesetzen, gleich allen den Bewohnern Ungarns. Sind dieselben schlecht, fühlen wir es ja alle. Es gibt doch nur eine einheitliche Administration für das ganze Land. Was gutes an ihr ist, ist für uns alle gut, was schlecht, ist ganz gleicherweise für Walachen und Magyaren schlecht. Dass einer unserer vorzüglichsten Männer dieselbe eine asiatische nannte, darüber möchten wir uns vielleicht dann aufhalten, wenn wir sähen, dass die Besten anderer Nationen die heimischen Institutionen einer viel gelinderen Kritik unterwerfen.

Doch beruhigt uns in dieser Hinsicht selber das Land unserer Widersacher, Rumänien, wo so ausgezeichnete Männer wie Catargiu und Blaremberg im Jahre 1888 — also um 16 volle Jahre später als bei uns Sennyey seinen Ausspruch gethan — die rumänische Administration einer systemisirten «*Räuberbande*» verglichen.

Der nüchterne und unbefangene Beobachter weiss solche im politischen Kampfe fallende allzuscharfe Worte immer nach ihrem wahren Werth zu schätzen.

Unter anderem macht uns die rumänische Jugend auch den Vorwurf, die ungarische Administration sei nur dazu da, um der zu Grunde gegangenen ungarischen Gentry Brod zu geben. Die rumänische Jugend scheint nicht zu wissen, dass sich jeder der administrativen Bezirke — innerhalb der Grenzen des Qualifications-Gesetzes seine Beamten selber in freier Wahl wählt. Ohne die ent-

sprechende juridische und politische Qualification ist
weder ein abgewirthschafteter Gentry, noch aber jemand anderer wählbar, und wer das Vertrauen der
Wähler nicht geniesst, für den findet sich eben auch
keine Gelegenheit, in eine administrative Stellung zu gelangen. So wird diese Frage für den, der sie kennt, völlig
gegenstandslos.

Wiederum gibt es Anlass zur Klage, dass die Mittelpunkte der Municipien — natürlich vermittelst feindseliger
Berechnung — immer und überall so gewählt wurden, dass
wenn dort auch noch so wenige Magyaren wohnen, die
doch immer in die nächste Nähe des Mittelpunktes zu
liegen kommen, während die Rumänen, und treten sie
auch in noch so compacten Massen auf, um in den Mittelpunkt zu gelangen, meist ganze Tagereisen zurücklegen
müssen, und dies soll mit einen Grund abgeben, warum
die Rumänen sich politisch nicht bethätigen.

Die Gebiete der einzelnen ungarischen Municipien
sind das Product einer historischen Entwickelung. Einige
gehen mit ihrer Entstehung in die grauesten Zeiten,
sogar in die Zeit der Occupation des Landes zurück. Es
geschah wohl hie und da, dass sich in den Gebietsverhältnissen einzelner Municipien Veränderungen ergaben, dass
aber die Nation tabula rasa gemacht hätte und nach
einem einheitlichen und bestimmten Plane eine Neu-
eintheilung der Municipien getroffen hätte, das geschah
nie. Daher denn auch die ausserordentlichen Unterschiede, die zwischen den Gebietsverhältnissen der einzelnen Municipien obwalten. Es gibt Comitate, deren
Gesammtgebiet nur ein Zehntel des Gebietes eines anderen Comitates ausmacht.

Der Mittelpunkt eines solchen Comitates aber, die

Comitatshauptstadt, wurde nie vom Landtage und nie
von der so argen Rumänenhasses beschuldigten Nation,
sondern kraft seines autonomen Rechtes immer von dem
betreffenden Municipium selber gewählt.

Sollen wir dem noch beifügen, dass, nachdem die
Kosten und Investitionen der Administration: die Errichtung des Comitatshauses zur Aufnahme der Aemter,
Archive, Gefängnisse u. s. w. immer dem betreffenden
Municipium selber zur Last fielen, dies, hatte es sich
mit autonomer Entscheidung erst die Comitatshauptstadt ausersehen und dort die Massregeln zur Aufnahme
der Behörden getroffen, überhaupt nur durch äusserst
wichtige Umstände zur Verlegung des Comitatssitzes zu
bestimmen war.

Alle Klagen, die sich in dieser Beziehung aus der modernen Auffassung des Nationalitäten-Principes herleiten
lassen, sinken bis zur Absurdität herab.

Gleichwerthig dieser Klage ist auch die folgende,
dass Rumänen entweder überhaupt nicht oder doch nur
um den Preis der Verleugnung ihrer Nationalität zu administrativen Stellen gelangen können, in den höheren
Staatsämtern aber überhaupt keine Rumänen wären.
Wäre dem auch so, wir müssten darauf erwiedern: Den
Wählern ist nun einmal nicht zu befehlen. Wir müssten
sagen: Es hängt ja nur von den rumänischen Candidaten
ab, mit welchem Erfolge sie sich um das Vertrauen der
Wähler bewerben. Gelingt ihnen das nicht, so gereicht
es ihnen zum Vorwurfe, nicht der Nation.

Das Municipium wählt seine Beamten in freier Wahl
und ist dabei nur durch das Qualifications-Gesetz gebunden. (G. A. I. vom Jahre 1883.) Nach diesem ist im
öffentlichen Dienste Ungarns keine einzige Stelle, um

die sich nicht ein jeder Staatsbürger bewerben könnte
und keine Stelle, bei deren Besetzung ein Staatsbürger
mit ungarischer Muttersprache vor den Anderen ein Vor-
recht gewinnen möchte: das Gesetz fordert von allen
ohne jede Ausnahme ein und dieselbe Qualification.

Uebrigens aber haben wir auch im Beamten-Schema-
tismus Nachschau gehalten und können die Behauptung,
als ob es Beamte von rumänischer Herkunft nicht gäbe,
nur als eine dreiste Lüge bezeichnen. Sowohl im gewähl-
ten Beamtencorps der Comitate als auch unter den er-
nannten Beamten der centralen ministeriellen Leitung
gibt es ihrer eine sehr achtunggebietende Anzahl.

Das werden aber wahrscheinlich diejenigen sein, auf
die man in Bukarest als Renegaten herabzusehen pflegt;
damit man nicht eingestehen müsse, dass doch eine
schöne Anzahl Rumänen sich in den ungarischen Aem-
tern vorfinden.

Deshalb werden sie dann Renegaten gescholten und
in zweiter Linie auch noch deswegen, weil sie nicht im
Solde des Programmes stehen, das im Bukarester Memorandum Ausdruck gefunden. Dass es aber wirklich
unmöglich ist zweien Herren, dem Bukarester Programme
und der ungarischen Nation zu gleicher Zeit zu dienen,
wird jeder vernunftbegabte Mensch einsehen. Wer den
Dienst des ungarischen Staates treu, gewissenhaft und in
Ehren versehen will, entstamme er welcher Nationalität
immer, der geniesst bei uns Ehren und Würden, Frieden
und Freiheit.

Des Memorandums gesammte Anklagen aber, so viele
man demselben nur entnehmen könnte, noch tausend
erfundene und erst noch zu erfindende dazu, seien sie
auch noch so schwerwiegenden Charakters, sie entkräf-

tet alle ein einziges Factum: Ein Fundamentalgesetz Ungarns, das Gesetz «Ueber die Gleichberechtigung der Nationalitäten in Ungarn» (XLIV. G. A. vom Jahre 1868), mit dem sich, was die Würdigung der Interessen, Gerechtigkeit und Liberalismus anbetrifft, vielleicht nichts zu messen vermag, was in unserer Zeit geboren wurde.

Dieses Grundgesetz sagt:

Alle Bürger Ungarns, gehören sie auch welcher Nationalität immer an, sind gleichberechtigte Glieder des Staates.

Die ungarischen Gesetze sind auch in den Sprachen aller im Lande wohnenden Nationalitäten in authentischen Uebersetzungen herauszugeben.

Die Protocolle der Municipien können ausser in der Amtssprache des Staates auch noch in einer durch '/₅ der Repräsentanten verlangten Protocolls-Sprache geführt werden; in den Municipalsitzungen kann sich jedermann seiner eigenen Muttersprache bedienen; desgleichen dürfen auch die Municipien in ihren Correspondenzen an die Staatsregierung und aneinander die Protocollssprache gebrauchen.

Die Municipal-Beamten mögen sich im amtlichen Verkehre mit den Gemeinden, Conventen, Vereinen, Anstalten und Privaten nach Thunlichkeit der Sprachen derselben befleissen.

Die Kirchengemeinden bestimmen die Sprache, in der die Matrikeln geführt, ihre kirchlichen Angelegenheiten geordnet, der Unterricht ertheilt werde, nach eigenem Gutdünken; höhere kirchliche Corporationen bestimmen gleichfalls selbstständig die Sprache, in welcher die Berathungen gepflogen, die Protocolle verfasst, ihre Angelegenheiten verhandelt und der Verkehr mit den Kirchengemeinden geführt werden.

In den Eingaben an die Staatsregierung steht es ihnen gleichfalls zu, sich ihrer Verkehrs- oder Protocollssprache zu bedienen.

In den staatlichen Unterrichtsanstalten ist so gut als möglich dafür zu sorgen, dass, in grösseren Mengen zusammenlebende, zu welcher Nationalität immer gehörige Bürger sich in der Nähe der von ihnen bewohnten Gegend auch in ihrer Muttersprache ausbilden können, in den Mittel- und Hochschulen und an der Landes-Universität sind für die im Lande üblichen Sprachen Lehrstühle zu errichten.

Die Gemeindeversammlungen bestimmen die Sprache, in welcher die Protocolle geführt und die Angelegenheiten zur Verhandlung kommen sollen; die Beamten der Gemeinden verkehren mit den Bewohnern derselben in der Sprache dieser letzteren.

Jedem Staatsbürger steht es zu, in seinen Eingaben an seine eigene Gemeinde, seine kirchliche Obrigkeit, sein Municipium und die Staatsregierung sich seiner Muttersprache zu bedienen.

Die Sprache der Privatinstitute und Vereine bestimmen die Gründer derselben.

Bei Besetzung der Aemter werden einzig die persönlichen Fähigkeiten in Betracht gezogen, die Nationalität des Betreffenden kann seiner Erhebung auf irgend ein im Lande bestehendes Amt oder Ehrenposten kein Hinderniss entgegenstellen; im Gegentheile ist die Staatsregierung vielmehr zu sorgen verpflichtet, dass zu den richterlichen und Verwaltungsämtern, besonders aber zur Obergespanschaft nach Möglichkeit in den nöthigen Sprachen bewanderte Angehörige der Nationalitäten, die dazu auch anderweitig geeignet erscheinen, berufen werden.

Auf diese Art und Weise schrieb die ungarische Nation die Interessen der nicht magyarischen Nationalitäten in das Gesetz. An vielen Orten der Welt gibt es Minoritäten irgend einer Nationalität: eines derartigen Schutzes erfreuen sie sich aber nirgends.

Ungarn aber, die ungarische Nation, ist hervorgegangen aus der Schule der constitutionellen Freiheit, und sie weiss den Werth der Freiheit zu schätzen. Wir sind uns bewusst, dass ohne dieses Gesetz und ohne die Freiheit, die unsere Nationalitäten auf Grund desselben geniessen, die Agitation nicht jenes Maass angenommen hätte, in dem sie sich jetzt bewegt, besonders seit sie vom Auslande fortwährend geschürt wird.

Stünde die ungarische Nation wirklich auf dem Standpunkte, den ihr das Bukarester Memorandum imputirt, diejenigen, die bei uns heute zu Principien-Genossen der Bukarester geworden, in dem Style der Bukarester Zeitungen schreiben und unter Gottes freiem Himmel Reden halten, sie würden stumme Leute sein; aber wir bekennen auch, dass dann alles das Wahrheit wäre, was ihren Lippen jetzt als Lüge entquillt. Die Wahrheit wird aber in der Völker Herzen fallen und dort Wurzeln schlagen, die Lüge nur auf deren Kopf und von dort abprallen, höchstens das Gehirn der Arglistigen, Rachsüchtigen und Bösen befruchtend.

Wahrheit und Ehrenhaftigkeit sind unsere Waffen; die Verfasser des Memorandums können das seit der Geburt desselben von sich nimmermehr sagen.

Bevor wir dies Capitel beschliessen, müssen wir noch der folgenden Klagen des Memorandums Erwähnung thun:

Dass kein Rumäne zu einem Amte gelangen könne,

und dass über dem rumänischen Volke Richter und Beamte urtheilen, die der rumänischen Sprache nicht mächtig sind, dass auch das Geschwornengericht von N.-Szeben (Hermannstadt) nach Kolozsvár (Klausenburg) versetzt wurde und wiederum nur zum Schaden der Nationalität. Es mögen die citirten Beispiele genügen. Davon, dass es der studierenden Jugend eines Landes, das erst seit 1866 geschriebene Gesetze kennt, an jedem Masstabe fehlen muss, um daran die Rechtsverhältnisse und gesetzlichen Zustände eines Landes, das schon vor dritthalb hundert Jahren an die Codificirung seiner Gesetze schritt, daran zu messen: davon sei unter uns nicht einmal Rede und Widerrede.

Wir müssten dann ja hier unserer seit einem halben Säculum gebrachten Reformgesetze Erwähnung thun, die einen unabhängigen Richterstand schufen; wir müssten sie an unser Pressgesetz erinnern, als das freisinnigste in ganz Europa; an unser Strafgesetzbuch, das sich der Anerkennung der ausgezeichnetsten Kriminalisten aller Culturnationen rühmen darf.

Dass Rumänen zu keinem Amte gelangen können, ist eine simple Lüge. Bei Gelegenheit der diesjährigen Umgestaltung der kön. Tafeln (Appellationsgerichte zweiter Instanz) wurden 25 Richter angestellt, die rumänisch sprechen. Und woher nahm denn dieselben Ungarns König? Woher denn sonst, als von den unteren Gerichten, bei denen die Anzahl der rumänisch sprechenden Richter sogar an die 200 übersteigt. Auf dem Gebiete dieser Gerichte wirken ausserdem an 100 rumänische Rechtsanwälte, die alle Mitglieder der ungarischen Advocatenkammern sind. In Gegenden, wo auch Rumänen wohnen, beträgt die Zahl der rumänisch sprechenden Beamten 70% der Gesammtzahl. Und wo bleibt denn dann die Anschuldigung, dass Richter und Beamte, die rumänisch nicht können, über den armen Walachen urtheilen, der wiederum nur rumänisch versteht.

Aber damit noch nicht zufrieden, ernennt der Staat auf solchen Gebieten zur Erleichterung des Vorgehens auch beeidete Gerichtsdolmetsche. Das Nagy-Szeben-er Geschwornengericht, nun ja, das wurde nach Kolozsvár verlegt: aber erst nach zehnjähriger Erfahrung. Und die war: dass in diesen zehn Jahren vor dem Nagy-Szeben-er Geschwornengerichte weder ein magyarischer Privatkläger, noch der Fiscus auch nur einen einzigen Process gewonnen hatte. Die Justizpflege war dort eine Beute der rumänischen irredentistischen Agitatoren geworden. Seitdem das Geschwornengericht sich nun in Kolozsvár befindet, haben dort auch notorische walachische Agitatoren (Slavici und Lukács) Processe gewonnen, zwar auch verloren, abwechselnd je nachdem sie im gegebenen concreten Falle im Rechte waren oder aber nicht. Unser Pressgesetz und die liberalen Ansichten unserer Bürger machen bei uns eben vieles erlaubt, was man in anderen Ländern für unmöglich halten würde : alles aber natürlich doch nicht. Das Nagy-Szeben-er Geschwornengericht erlaubte aber den Rumänen alles. Dem wollte der Staat mit der Verlegung desselben abhelfen. Trajan Doda wurde vor das Arader Geschwornengericht citirt, und liess sich dort durch einen Advocaten vertreten, der aus der entgegengesetzten Hälfte des Landes gebürtig ist und daher nicht rumänisch spricht. Trajan Doda selber aber verweigerte es, vor den Geschwornen zu erscheinen.

Weil er auch der zweitmaligen Citation keine Folge

leistete, wurde er in contumaciam verurtheilt, was nach unseren Gesetzen damit gleichbedeutend ist, dass er zu einer neuerdings anberaumten Verhandlung auch mit Anwendung von Brachialgewalt geführt werden dürfe. Der ungarischen Regierung war es jedoch nur um die moralische Genugthuung zu thun und sie erwirkte für den alternden und kränklichen Mann einen königlichen Gnadenact. Trajan Doda, der einer agitatorischen Druckschrift wegen vor das Gesetz geladen wurde, steht übrigens nach wie vor im Genusse einer vom Staate bezahlten Pension. Solche Männer sind bei uns die Märtyrer der walachischen nationalen Sache.

Schliessen möchten wir diese Bemerkungen mit einer Berichtigung. Das Memorandum der rumänischen Jünglinge fabelt unter anderem auch davon, dass die rumänischen Leibeignen erst im Jahre 1851 nach der Niederwerfung der ungarischen Revolution ihre Freiheit erhielten. Unser Gesetzbuch beweist es hell und klar, dass die Leibeigenschaft im ganzen Lande im Jahre 1848, also vor Ausbruch des Freiheitskampfes, aufgehoben ward. Der Gesetzartikel IX v. Jahre 1848 ist derjenige, mit dem die ungarische Gesetzgebung fortan die Robot aufhob und die Leibeignen zu Grundbesitzern machte.

IX.

Ist der Magyare ein Feind der rumänischen *Cultur?* Um mit einem treffenden Argumente beginnen zu können, sei hier nur das Factum erwähnt, dass die ungarländischen Rumänen, unsere Brüder, in der Cultur und in den freiheitlichen Institutionen den Rumänen, dem eigentlichen

Walachenthume, zumindest um ein Jahrhundert voran-
geeilt sind. Die unter ungarischer Oberherrschaft stehenden Rumänen, gut gemerkt, den Rumänen Rumäniens.
Ist nun dies mit der Vorstellung, dass der Magyare die
rumänische Cultur bedrücke und verfolge, überhaupt ver-
einbar? Ist es im Gegentheil nicht viel logischer anzu-
nehmen, die ungarische Cultur habe auf die mit ihr in
Gemeinschaft lebende rumänische aneifernd und befruchtend gewirkt, während aber die ausserhalb dieser Gemeinschaft stehenden Rumänen in ihrem uncivilisirten
Zustande beharrten.

Das ungarische Rumänenthum war es, das Rumänien
zu allen Zeiten die Fackel ansteckte, damit es beim
Scheine derselben sehen möge. Nur seit der Regierung König Carolus I. und seit der 1867 erfolgten Gründung der Bukarester rumänischen Akademie übernahm
Rumänien die Führung, aber aus der Hand unserer ungarländischen Rumänen, und zugleich damit übernahm es
auch unsere angesehenen rumänischen Gelehrten, ohne
deren lange und vornehme Namensliste sowohl die Auto-
rität, als auch die Wissenschaft der Bukarester Akademie
sehr niedrig gestanden wäre. Ohne Cipariu, Baritiu, Laurian Trebonian, Alexander Roman, Josef Hodos, Gabriel
Muntean, Andreas Mocsonyi, Viktor Babes, Hilarian
Papiu, Andreas Saguna, Barcian, Johann Moldovan, Gabriel
Pap und noch so viele Andere, hätte man die Bukarester
Akademie überhaupt nicht errichten können.

Die literarische Weihe empfing die rumänische Sprache
auch auf ungarischem Boden. Die ältesten walachischen
Sprachdenkmäler, der Voronetzer Codex und die Psaltirea
Scheiana (XV. Jahrh. erblickten in Siebenbürgen das
Licht der Sonne und zwar unter ungarischem Einflusse.

Die ersten rumänischen Druckereien werden desgleichen in Siebenbürgen errichtet: in Brassó (Kronstadt) 1533, in Kolozsvár 1545, in Gyula-Fehérvár (Karlsstadt) 1561, in Nagy-Szeben Hermannstadt) 1575 u. s. w. Um ein volles Jahrhundert später errichtet man in der Walachei (1634) und in der Moldau (1640) die ersten Buchdruckereien. Der ungarische Fürst Rákóczy adaptirt die im Jahre 1561 errichtete Druckerei zu Gyula-Fehérvár im Jahre 1638 zu einer rein-rumänischen Druckerei. Nachdem selbe von den Türken zerstört wurde, wird dieselbe auf Befehl des ungarischen Fürsten Michael Apaffi von dem gleichfalls ungarischen Peter Kovásznay wieder vom Neuem eingerichtet. Ein ungarischer Fürst, Georg Rákóczy war es, der im Jahre 1642 die slavische Sprache aus der rumänischen Kirche hinausschaffte und den Gebrauch der rumänischen Sprache anordnet, was in der Geschichte der rumänischen Sprache und Literatur ein Wendepunkt geworden. Mit Vermeidung des Cyrill'-schen Alphabetes werden vom Jahre 1648 an wiederum auf Befehl der ungarischen Fürsten, rumänische Bücher mit lateinischen Lettern gedruckt, und noch etwas später beginnt man im Sinne des Erlasses des ungarischen Fürsten Gabriel Bethlen die kirchlichen Bücher in das Rumänische zu übertragen.

Die Pflege der rumänischen Sprache und Cultur beginnt mit Ende des XV. Jahrhunderts, um im XVI. Jahrhundert ihre Blüthe zu erleben. Auch ungarische Männer gingen unter die Beförderer der Sprache und unter die Kirchenschriftsteller. Im Jahre 1644 lässt der ungarische Fogarassy den rumänischen Katechismus drucken. Der Ungar Johann Viski reimt im Jahre 1697 die Psalmen Davids, und der Ungar Josef Koncz übersetzt 1816 den Froschmäusekrieg

(Batrachomyomachia) des ungarischen Dichters Csokonai
in Versen. Die ersten rumänischen Grössen im XVIII. Jahrhunderte: Samuel Klein, Gregor Major, der berühmte
Georg Sinkai, Peter Major, Darabont, Samuel Vulkan,
Méhesi, Tichindeal, Bischof Bob, Kolozsi, Kőrösi, Cor-
neli, Vajda, Ramonczai, Ladislaus Aron, der berühmte
Volksbildner Georg Lázár, zu dessen der Bukarester Universität gegenüberstehenden Gedenksäule die Verfasser
des Memorandums mit solcher Begeisterung hinansehen,
und alle die Anderen, die wir schon oben als Mitglieder
der Akademie aufführten; sie die Helden und Schöpfer
der rumänischen Cultur waren Ungarn, ungarländische
Walachen, unsere Mitbürger.

Als ungarische Unterthanen, als unsere Brüder und Mitbürger, und mit Unterstützung der ungarischen Fürsten
vollbrachten sie dieses ihr Werk im Besitze jener Bildung,
die sie sich in den ungarischen Schulen, in der ungarischen
Gesellschaft und dem ungarischen Leben erworben hatten.

So sehr war das Magyarenthum in der Vergangenheit ein
Feind jeglicher rumänischen Cultur!!

Der Mittelpunkt der Cultur, die Quelle und zugleich
wirksame Stütze derselben war in den älteren Zeiten und
im Anfange überall die Kirche. Dass die heiligen Kirchen-
bücher auf Geheiss der ungarischen Fürsten ins Rumänische übersetzt, und eben durch sie an die Stelle der litur-
gisch gebrauchten slavischen Sprache auch als Kirchen-
sprache das Rumänische gesetzt ward, hörten wir schon
früher. Und dass auch die rumänische Schule in Ungarn
gegründet wurde, ist sehr leicht nachweisbar. Seit jener
Zeit bis auf unsere Tage, könnte man eine lange Reihe von
Gesetzen citiren, in denen die ungarischen Stände den walachischen Schulen zu Hilfe kommen, und die rumänischen

Kirchen mit Freiheiten und Privilegien bekleiden. — Das momentuoseste dieser Gesetze ist neuerdings der Gesetzartikel IX vom Jahre 1868, der speciell in Angelegenheiten der rumänischen griechisch-orientalischen Kirche Folgendes verordnet: Dass auch die rumänische Kirche einer grösseren Culturentwickelung fähig werde und einer besseren Erfüllung ihrer Bestimmung obliegen könne, nimmt das ungarische Gesetz dieselben aus dem Verbande der Karlócza-er, serbischen kirchlichen Obrigkeit und stellt dieselbe mit dem Sitze in N.-Szeben (Hermannstadt) an Rang dem serbischen Metropolitenthume völlig gleich. Zugleich versieht dasselbe Gesetz die neue rumänische Kirche mit einer auf breitester Basis beruhenden Autonomie, organisirt den «Congress der griechisch-nichtunirten Kirche rumänischer Nation» und ertheilt derselben die Erlaubniss zur freien Constituirung ihres Geschäftsvorgehens.

Schon Gesetzartikel III vom Jahre 1844 und G. A. XX vom Jahre 1848 besagen: «Für alle in diesem Vaterlande anerkannten Religionssecten wird ohne Ausnahme vollkommene Gleichheit und Gegenseitigkeit bestimmt.»

Dies ergänze sich der Leser mit den zuvor erwähnten über die Gleichberechtigung der Nationalitäten handelnden Verordnungen, und urtheile dann puncto der Anklage, nach welchem die ungarische Regierung den romanischen Kirchen Geistliche auf den Hals schickt, welche die Sprache der Gläubigen nicht verstehen und in das Kirchenregiment und in die Schule die ungarische Sprache hineintragen.

Die griechisch-orientalischen Kirchengemeinden wählen sich ihre Geistlichkeit selber, und die weltliche Regierung hat dabei nirgends das Recht einer Einrede. Die

Bischöfe werden auf den Kirchen-Synoden gewählt, und der König ertheilt der Wahl nur seine Genehmigung, natürlich nach Unterbreitung seitens der constitutionellen parlamentarischen Regierung.

Dass die Regierung von den ihr imputirten Motiven nicht geleitet wird, beweist auch die letzte Bischofswahl in Karánsebes, bei welcher Gelegenheit die Regierung die erfolgte Wahl eines übertriebenen Anhängers des Nationalitäten-Principes, des Bischofs Nikolaus Popea — da gegen ihn anderweitige Gründe nicht obwalteten — ohne weiters unterbreitete.

Ist es noch nothwendig zu erwähnen, dass die rumänischen Bischöfe als solche Sitz und Stimme im Oberhause und so Gelegenheit haben, alle Kränkungen ihrer Gerechtsame bis vor das höchste Forum, die Legislative zu bringen? Von ernsthaften Gravamina kann aber dort, wo das Gesetz in den constitutionellen Corporationen sowohl die nationalen Rechte der Majorität als auch der Minorität verbürgt, und wo die Vollziehung des Gesetzes unter der unmittelbaren Controle der betreffenden Corporationen selber steht, kaum die Rede sein.

Es kann ja vorkommen, dass sich solche Vorfälle ereignen, wie z. B. die traurige Affaire in Feldra, für die dann die Bukarester Jugend der ungarischen Regierung die Verantwortung auferlegt. Hier trug sichs zu, dass ein Dechant gegen den Willen des Bischofs einen Geistlichen in die Pfarrei einführen wollte. Es war dies ein Conflict eines gewaltthätigen Dechants mit seinem Bischofe. Die Affaire war scandalös genug, die weltliche Obrigkeit aber ging weder das Meritum, noch die Entstehung derselben etwas an.

Als Krone des Ganzen sei auch noch erwähnt, dass im

Budget Ungarns sich jährlich kleinere-grössere Summen vorfinden, mit welchen die so arg zugerichtete ungarische Regierung seit 1867. — seit also die constitutionelle Freiheit von der absoluten österreichischen Regierung zurückerkämpft wurde — den armen rumänischen Kirchen ebenso beispringt wie mit anderen Posten wiederum die sächsisch-lutheranische Kirche und andere hilfsbedürftige Confessionen unterstützt werden. Der XXXIX. G. A. vom J. 1890 stellt der Regierung in dieser Hinsicht pro 1891 zur Aufhelfung der rumänischen griechisch-nichtunirten Kirche 100,000 fl., der rumänischen griechisch-unirten Kirche 99,000 fl. zur Verfügung.

Solchermassen verfolgt die ungarische Nation die Rumänen und solchermassen ist sie bestrebt dieselben auszurotten.

X.

Die Schule ist jedenfalls von der allergrössten Wichtigkeit, und für uns ist es daher unmöglich, uns mit derselben nicht zu befassen. Die Entwickelung der rumänischen Schule und ihr jetziger Zustand wird sogar die beste Antwort auf alle die Anklagen sein, die von den rumänischen Jungen der Aufnahme in ihr Werk für würdig erachtet wurden.

Unsere Unterrichtsgesetze sind klar und präcis. Sie kennen weder ungarische, noch rumänische oder deutsche Schulen, sondern ihrem Charakter nach: staatliche, communale und confessionelle Lehranstalten.

Der Gesetzartikel XXXVIII. vom Jahre 1868 macht den Elementarunterricht für jedermann obligatorisch (1. §.). Nach dem 11. §. dürfen die «Confessionen in allen jenen

Gemeinden, wo sie Anhänger haben, eine Schule erhalten». Es steht ihnen zu, Elementar-, höhere Volks- und Bürgerschulen sowie auch Lehrerpräparandien zu errichten (13. §.). Dem Staate steht über diese Schulen das Aufsichtsrecht zu, der dann durch die Schulinspectoren darauf achten lässt, ob die Verordnungen bezüglich der Einhaltung des Lehrplanes und der Verwaltung des Vermögens in gehöriger Weise respectirt werden? (14. §.). Die Schulen unterstehen übrigens den Schulstühlen; die Kirchengemeinde wählt selber den Lehrer und auch den Schulstuhl. Dem Lehrer vergewissert der XXXII. G. A. vom J. 1875 eine Pension. Die Regierung darf die confessionelle Schule nur in dem Falle schliessen lassen, wenn sie den Anforderungen des Gesetzes nicht entspricht und nach der *dreimaligen Vermahnung* die vorhandenen Mängel innerhalb eines Zeitraumes von 1—2 Jahren von dem Erhalter der Schule nicht eliminirt werden.

Der 38. § des Unterrichtsgesetzes bestimmt auch, dass zur Vermehrung des Stammvermögens der Schulen bei den Commassationen und Hutweideabsonderungen immer 1% zu Gunsten der Schule ausgeschnitten werde. Der 43. § wiederum sichert den armen Schulen eine staatliche Subvention.

Alle diese Verordnungen bestehen auch für die rumänischen Schulen in Geltung.

Prüfen wir nun, ob das rumänische Schulwesen unter den ungarischen Gesetzen vorwärts geschritten ist? Nehmen wir zu diesem Behufe den im Jahre 1871 zu Buda (Ofen) herausgegebenen und dem Reichstage unterbreiteten «Ausweis über den Stand des Unterrichtswesens» zur Hand.

Nach diesem Ausweis gab es im Jahre 1865 — in

welchem die ungarische Legislative zusammenberufen
wurde — zusammen 824 griechisch-orientalische, und
1295 griechisch-unirte Schulen. Factisch besuchten die
Schule im Jahre 1865, Kinder: griechisch-orientalischer
Conf. 40,322. und solche der griechisch-katholischen
Conf. 70,285. Stellt man diese Daten neben diejenigen
des im Jahre 1890 herausgegebenen schulstatistischen
Ausweises, so finden wir in letzterem die Zahl der griech.
orient. Lehranstalten mit 1783, die der griech.-kath. aber
mit 2157 angegeben. Bemerkt sei noch, dass sowohl
in den Daten aus dem Jahre 1865, als in denjenigen
von 1890 auch die griechisch-nichtunirten Serben, ferner die griechisch-katholischen Magyaren und Ruthenen mit inbegriffen sind. Die rein rumänischen Schulen
finden wir auf pag. 58 des Ausweises von 1890, mit einer
Anzahl von zusammen 3289 solcher Lehranstalten, in denen die Unterrichtssprache die rumänische ist. Nach den
letztjährigen statistischen Ausweisen beträgt die Zahl der
factisch die Schulen besuchenden rumänischen Kinder
die Anzahl von 244,540. Die Lehrerbildung, die Anzahl
der Lehrer, das Schulvermögen, all das zeigt einen un-
geheueren Aufschwung mit den Zuständen vor Eingreifen
der ungarischen Regierung verglichen. Aehnlichem begeg-
nen wir auch auf dem Gebiete des Unterrichtes in den
Mittel- und Hochschulen.

Der immense Aufschwung rumänischen Schulwesens
unter der «feindlich gesinnten» ungarischen Regierung ist
daher leicht ersichtlich. Und diese Daten sind unangreif-
bar, nachdem dieselben von den betreffenden Schulerhal-
tern zusammengestellt wurden, also nicht aus magyarischer, sondern aus rumänischer Feder herrühren.

Die rumänische Schule, die rumänische Unterrichtssprache, die rumänische Aufsicht, alles in dieser Organisation ist durch das Gesetz gesichert. Die von Rumänen bewohnten Orte sind in das Netz rumänischer Lehrervereine einbezogen, die ihre Sitzungen in regelmässig wiederkehrenden Perioden abhalten: die Lehrerschaft beräth sich in rumänischer Sprache und ist sich in derselben bemüht, einzelne pädagogische Fragen zu lösen, und ihre Lage zu verbessern. Es entwickelte sogar eine selbstständige rumänische unterrichtswissenschaftliche Literatur. Rumänische Schulmänner schreiben die Schulbücher für die rumänischen Schulen; die Zahl der rumänischen Fachzeitschriften für das Unterrichtswesen mehrt sich von Tag zu Tag, ohne dass bei dem Erscheinen dieser neuen Zeitschriften denselben auch nur die geringsten Schwierigkeiten bereitet worden wären; einzelne dieser Blätter erhielten sogar staatliche Subventionen. — Als mächtige Factoren zur Verbreitung rumänischer Cultur wirken allenthalben rumänische *Culturvereine*, unter welchen die eine die Asociatiunea über ein Stammkapital von ungefähr 300.000 fl. gebietet. Dieser Culturverein errichtete die N.-Szebener Hermannstädter, Mädchenschule mit ihrem wunderschönen Gebäude; unterstützt Schüler, Gewerbetreibende u. s. w.

Und wer wälzte all dem Schwierigkeiten in den Weg?

Es werden auch die Angelegenheiten der rumänischen Gymnasien hervorgeholt. Dem Brassó-er griech.-orient. Gymnasium offerirte die ungarische Regierung eine staatliche Subvention jährlicher 4000 fl., die aber von dem Verwaltungsrathe derselben nicht acceptirt wurde.

Den Fonds des Naszóder rumänischen Gymnasium und der Volksunterrichtsanstalten des Naszóder Districtes liess die Regierung ein Vermögen von mehr als einer Million zukommen, und jenen Schulen gesetzlich zusichern, die Verwaltung selber einem rumänischen Aufsichtsrathe überlassend. Den Balázsfalvaer und Belényeser rumänischen Gymnasien gegenüber bezeugt die Regierung das grösste Wohlwollen, in beiden Anstalten ist die Vortragssprache, die Administration, die Aufsicht die rumänische.

An der Budapester und Kolozsvárer Universität besteht für die rumänische Sprache und Literatur je ein ordentlicher Lehrstuhl. Aus der Staatskasse werden jährlich nicht unbedeutende Summen für Preisarbeiten auf dem Gebiete der rumänischen Linguistik und Literarhistorik ausgegeben, um damit die rumänische Jugend zu edlem Wettkampfe zu entflammen. An der Kolozsvárer Universität heimsten bei der diesjährigen Preisvertheilung zwei rumänische Jünglinge (Johann Nicora und Gabriel Precup) die Staatspreise ein. Sie wurden bei der Schlussfeier des Universitätsjahres von dem anwesenden ungarischen Publicum mit rauschenden «Éljen» begrüsst.

Uns scheint es, als wäre die Einführung der ungarischen Sprache als obligaten Gegenstand die eigentliche Ursache, weswegen die rumänische Jugend so sehr gegen uns aufgebracht ist. Der 4. § des G. A. XVIII. v. Jahre 1879 verordnet nämlich, dass die ungarische Sprache in allen öffentlichen Volksschulen des Landes unter die obligaten Lehrgegenstände aufzunehmen sei. Und dieselbe wird im Sinne der auf Grund des erwähnten Paragraphen am 29. Juni 1879 sub Zahl 17.284 herausgegebenen Verordnung des kön. ung. Ministers für Cultus und Unterricht, denn auch *in wöchentlich 2—4 Stunden* vorgetragen.

Mit diesen 2—4 Stunden will also der ungarische Staat die Nationalitäten magyarisiren; bemerkt sei nur, dass auch die ungarische Sprache in der Unterrichtssprache der betreffenden Schule vorgetragen wird, also gegebenen Falles rumänisch gelehrt wird, denn die Unterrichtssprache wird durch die ministerielle Verordnung nicht tangirt. Soweit ist also die Klage zu reduciren, dass *die ungarische Sprache in wöchentlich 18 Stunden gelehrt wird,* und dieselbe den autonomen Lehranstalten als Unterrichtssprache aufoctroyirt wird. Ausser auf das Belényeser Gymnasium kann sich diesbezüglich die rumänische Jugend auch nicht auf ein einziges wahres Beispiel berufen.

Die Affaire des Belényeser Gymnasiums ist aber wieder ihrer wahren Gestaltung gänzlich entkleidet. Ja, für das Belényeser Gymnasium wurde neben der rumänischen Unterrichtssprache auch die ungarische als solche angeordnet: aber durchaus nicht aus Willkür der Regierung, sondern im Sinne *des Stiftungsbriefes,* der das Gymnasium errichtete und die Errichtung an diese Bedingung knüpfte.

Eine überaus kühn gewagte Behauptung des Memorandums ist auch noch die, dass die ungarische Regierung für die Nicht-Magyaren keine Schulen aufstellt, ja den Rumänen sogar das nicht erlaube, dass sie aus ihrem eigenen Gelde Schulen errichten, wie dies so bei dem Karánsebeser Gymnasium der Fall gewesen. Jetzt eben zählten wir die bestehenden rumänischen Mittelschulen auf, und sollen nun die Absurdität eines Satzes bekämpfen, der da vorgibt, die Rumänen dürfen mit ihrem eigenen Gelde keine Schule errichten. Natürlich, eine Schule mit ungenügenden Mitteln zu gründen, eine

Schule, deren Kosten nicht gedeckt erscheinen, dazu darf eine pflichtbewusste Regierung ihre Einwilligung Niemandem geben. Aus demselben Grunde sperrte die Regierung auch einige derartige aus der Vergangenheit auf uns gekommene magyarische Mittelschulen, reducirte ferner einige 8 und 6 klassige Gymnasien, zu 4 klassigen Untergymnasien, und concessionirte eben deswegen auch das Karánsebeser Institut nicht. Nicht aus dem Grunde, weil es eine rumänische Schule werden sollte, sondern weil man nicht jenen vom Gesetze vorgeschriebenen Bedingungen entsprach, die zur Gründung einer Schule unerlässlich sind.

Was dann die anderen aufgebrachten Beschuldigungen anbetrifft: Ungarn erhält allein in Siebenbürgen in mehr als hundert rein rumänischen Gemeinden staatliche und Communal-Schulen aus der Staatskasse; und betheilt ausserdem die rumänischen staatlichen und confessionellen Schulen alljährlich mit Lehrbüchern und Schulrequisiten. In das Budget für das laufende Jahr (1891) hat der Reichstag zur Aufhilfe des confessionellen Unterrichtes 112,000 Gulden votirt. Die rumänischen Studierenden geniessen Staats-Stipendien, die Ausgezeichneteren werden von der Regierung ins Ausland geschickt. Ein lebendes Beispiel dafür ist Babes, jetzt Universitäts-Professor in Bucarest, der als ungarländischer Rumäne mehrere Jahre auf Staatskosten an der Seite Pasteurs in Paris verbrachte, und seine Wissenschaft und Erfahrungen jetzt in Bucarest verwerthet.

Es sei uns ferne, ihm darüber einen Vorwurf zu machen, denn wir wissen, dass er uns auch in seinem neuen Heime zur Ehre gereicht.

Im laufenden Jahre schuf die ungarische Gesetzgebung

das Gesetz über die Kinderbewahrung, die eine der
humansten Institutionen zur allgemeinen Pflicht macht.
Dies beklagt das Bucarester Memorandum in einem der
gravaminösesten Punkte.

Die Institution selber ist so heiliger und so edler Ten-
denz entsprungen, dass sie über allen Tadel erhaben
steht. Es ist sehr wahrscheinlich, dass auf diese Art
jährlich ziemlich viele Kinder ungarisch erlernen werden, und dort, wo die Nationalitäten massenhaft beisam-
menwohnen, im Leben die kaum erlernte Sprache auch
ebenso schnell wieder vergessen werden. Doch ganz
bestimmt wissen wir nur eines, dass die Kleinen in
ihrer Einsamkeit von nun an beschützt werden, dass
den ärmsten der Eltern die Last der Verantwortung
abgenommen; und die Kindergärtnerin ein Schutzengel
der leiblichen und geistigen Gesundheit sein wird. In
den Zahlenverhältnissen der Nationalitäten wird dies
Gesetz keinen Unterschied hervorrufen; auf die Bevöl-
kerungszahl des ganzen Landes und die allgemeine Moral
wird es aber einen günstigen Einfluss nehmen. Kleinkinder-
bewahranstalten können übrigens nach dem Gesetze der
Staat, Gemeinden, Confessionen, Rechtliche- und Privat-
personen errichten, über dieselben das Patronat ausüben
und für dieselben sorgen. Die Einmischung des Staates
beginnt dort, wo die übrigen Factoren sich als ungenü-
gend erweisen.

Alles, was wir hier vorgebracht, hat mit dazu gehol-
fen, den Aufschwung der in unserem Vaterlande wohnenden Rumänen herbeizuführen. Die Rumänen des
ungarischen Staates leben in einer ganz exclusiven
Gesellschaft. Sie behielten eigene gesellschaftliche Tugenden und Sitten bei, und cultiviren im geselligen

Verkehre ausschliesslich die rumänische Sprache. Ihre
Unterhaltungen halten sie in der nationalen Tracht meist
unter sich ab, sie haben ihr eigenes Volkslied, ihre
eigenen Tänze und werden daran von niemanden be-
hindert. Seit 1867 gibt es in Siebenbürgen eine Un-
masse rumänischer Frauenvereine, mehrere Gesangs- und
Lesevereine, Bibliotheken u. s. w. Von all diesen wurde
in seiner Ausübung nie auch nur einer gestört. Es entstanden auch eine Menge rumänischer Oekonomie-Ver-
eine, unter denen besonders der N.-Szebener, alljährlich wiederkehrende rein rumänische Ausstellungen der
verschiedenen ökonomischen Zweige veranstaltet. Vor
der Restitution der ungarischen Regierung gab es keine
einzige rumänische Geldanstalt, jetzt gibt es deren an
dreissig. Die *Albina* (gegründet 1871) hat allein einen
Jahres-Verkehr von über 23 Millionen Gulden. Die In-
stitute Bistriczana (1888), Economul (1886), Munteana
(1889), Muresana (1886), Sebesana (1887), Ardeleana
(1885), Silvania (1887), Aresiana (1887), Auraria (1887),
Patria (1886), Furnica (1883), Victoria (1887), Lugosana
(1889) u. s. w. entstanden wie ersichtlich alle in letzter
Zeit unter der unbezwingbaren magyarischen Tyrannei.
Diese, mehr als dreissig rumänischen Geldanstalten haben
natürlich blos rumänische Beamte und führen auch die
Bücher rumänisch. Und hat man diese Anstalten je an der
Ausübung verhindert?

Das rumänische Volk errichtete sich sogar ein Theater,
dessen Fonds nun ungefähr 53,000 Gulden betragen und
das mit den jährlichen Generalversammlungen des rumänischen Culturvereines zugleich von Stadt zu Stadt zieht.
Auch die allermagyarischsten Städte: Torda, Deés, Kolozsvár (Klausenburg) u. s. w. werden besucht. Und die

Magyaren nehmen beide überall mit offenen Armen auf,
nehmen an den Sitzungen theil und zeigen für ihre Angelegenheiten das grösste Interesse.

Nie vernahm man während dieser Wanderung von magyarischer Seite auch nur einen einzigen dissonirenden
Ton. Passirte ihnen vielleicht je eine, wenn auch kleine
Unannehmlichkeit, nahmen die Magyaren an ihren Ban-
ketten nicht von jeher massenhaften Antheil und hat es
an magyarischen Toasten auf das Prosperiren der Vereine
jemals gefehlt: Ein ganzes Land können wir in dieser
Hinsicht zu Zeugen berufen.

XI.

Die rumänische Jugend spricht von politischer Unterdrückung und Verfolgung. Wir sind beschuldigt, die
Krone mit der Androhung der Revolution eingeschüch-
tert, und mit Ausnützung der Niederlage bei Sadowa,
ihr den Ausgleich von 1867 aufgenöthigt zu haben.
Sie fügt noch bei, dass wir die Nationalitäten aus
dem Parlament verwiesen, ein ihnen feindlich gesinntes
Wahl-Gesetz geschaffen, die Wahlen wegen der Ver-
bitterung der Nationalitäten zu wahren Schlachten ernied-
rigt, mit einem Worte, alles für uns behalten, für die
Nationalitäten nichts übrig gelassen haben: als Sklaven-
fesseln. «Niemand, — so sagen sie, — der vom Geiste
europäischen Staatslebens auch nur einigermassen durch-
drungen ist, kann sich von den asiatischen Zuständen in
den Ländern der Krone des Heiligen Stefan auch nur
eine annähernden Begriff machen.»

Versuchen wir diese Seite des Bildes, das von dem

Memorandum in schauriges Halbdunkel gehüllt ist, ein
wenig schärfer zu zeichnen.

Nach den ältesten Gesetzen unseres Vaterlandes waren die siebenbürgischen Rumänen, als eingewanderte
Bewohnerschaft, nur ein geduldetes Volk. Wir haben es
durchaus nicht zu verleugnen, dass dem wirklich so gewesen ist. Die Approb. Const. besagen deutlich : «dass (I. Th.
1. Tit. 3. Art.) sintemalen die walachische Nation im
Vaterlande weder als Status gerechnet, weder ihre Religion unter die Religiones receptæ gehöre, sie deswegen
doch propter regni emolumentum, geduldet werde.» Und
an anderer Stelle: (I. Th. IX. Tit. 1. Art.) «Obwohl die
walachische Nation in diesem Vaterlande nur propter
bonum publicum admittirt wurde» u. s. w. Alle diese
unsere Gesetze besagen in ganz bestimmtem Tone, dass
die Rumänen als solche im Lande nie besondere
nationale Rechte genossen und sich um solche auch
bis zur Uebernahme Siebenbürgens durch die Habsbur-
ger niemals beworben haben.

Die Geschichte weiss von solchen Rechtsforderungen
nichts und auch nichts von zwischen Ungarn und Rumänen sich gelieferten Kämpfen ums Recht, was so viel be-
deutet, dass sich das rumänische Volk in der Vergangenheit seiner Lage recht wohl bewusst war.

Einzelne der Rumänen übten deswegen bürgerliche
und politische Rechte aus, aber nur als ungarische Edelleute. Aber auch Andere, die nicht dem ungarischen
Adel angehörten, waren im Vaterlande von der Ausübung
politischer Rechte ausgeschlossen, mochten sie gleich
der magyarischen Nation selber angehören. Im Staate
waren von Anbeginn alle Rechte und Privilegien an die
ungarische Bürgerschaft, den Adel geknüpft, mit einem

Worte, der ganze Staat war magyarisch bis in seine letzte Faser. Das rumänische Volk bewirbt sich als Anhänger der griech.-unirten Kirche zuerst am 21. März 1697 um eigene Rechte, aber dies erstemal nur um so viel, dass «ihren geistlichen und kirchlichen Functionären der Genuss aller jener Rechte und Freiheiten zugesichert werde, die den Geistlichen der röm.-kath., unitarischen, lutheranischen und kalvinischen Kirchen zukommen». (V. Nicolaus Popea: Vechia metropolia. pag. 89, 90.) Auch dieses Gesuch war keineswegs von rein rumänischer Seite initiirt gewesen: die Röm. Katholischen (Card. Kolonics und der Jesuit Baranyai stellten für die in der griech.-unirten Kirche lebenden Rumänen diese Rechte für den Fall in Aussicht, wenn sie zum Katholicismus übertreten.

Diesem ersten Schritte folgte bald der zweite. Der rumänische Bischof Innocentius Klein unterbreitete im Jahre 1734 dem Wiener Hofe im Namen des rumänischen Volkes eine aus 12 Punkten bestehende Petition, die mit königlichem Rescripte vom 24. November 1734 dem siebenbürgischen Oberverwaltungshofe zugeschickt wurde. Das kön. Rescript schlägt einen harten Ton an: «Darum befehlen Wir euch in königlicher Huld und Strenge, dass ihr fortan im Sinne der an euch gesandten Befehle vorgehen möget und die Bitten und Gravamina des erwähnten Bischofs, des Clerus und der unirten walachischen Nation . . . . . wohl vor Augen halten möchtet.»

All diese Gravamina bezogen sich auf den Zehent der griechisch-kath. Geistlichkeit.

Eben auf Betreiben desselben Bischofs Klein erkennt auch der G.-Art. VI vom Jahre 1744 die zur unirten

Kirche gehörigen Rumänen als Bürger des Landes an,
gibt ihnen aber keine eigenen Rechte, sondern unterstellt
sie einer oder der anderen der drei Nationen. Auch auf
den Landtagen von 1791/2, 1842, 1844 suchen die Walachen nur immer um den ungarischen Adel an.

Der Hora- und Kloska'sche Aufstand hatte, wie wir
schon oben erwähnt, keinen Kampf um nationale Rechte
zu Grunde. Die zwei Aufwiegler hatten es nie im Sinne,
von den östlichen Alpen herab nationale Rechte zu verlangen, auch mit den ungarischen Gutsherren hatten sie nichts
zu thun. Die Differenzen entstanden ob der Frohndienste,
zu denen sie dem ungarischen Fiscus gegenüber verpflichtet waren. (Georg Baritiu: Parti alese din istoria Transil-
vaniei. Nagy-Szeben. 1890. (Band I. pag. 473—484.)

Hieraus ist zu ersehen, dass sich bis 1848 alle Bestre-
bungen des rumänischen Volkes auf die Anerkennung und
Sicherung seiner Rechte und auf Erleichterungen bei
Entrichtung der Frohnden richteten.

Am 15. März proclamirte dann die vom Geiste der
Freiheit durchdrungene ungarische Nation die ewige Aufhebung der Leibeigenschaft, die Freiheit der Gedanken,
des Wortes und die Brüderlichkeit. Die Gesetzgebung
von 1848 hat diese Ideen alle verwirklicht. Der G.-Art. VIII
aus dem Jahre 1848 enthielt die Rechts-Gleichheit, die
proportionelle Vertheilung der gemeinsam zu tragenden
Lasten, der G.-A. XVIII die Pressfreiheit, der G.-A. XX
das Recht der freien Religionsausübung, die Freiheit der
Kirchen u. s. w. Mit einem Worte, der Ungar führt in
seinem Vaterlande die grösstmöglichste Freiheit durch,
die vollkommene Rechtsgleichheit der Staatsbürger.

Nachdem diese Gesetze geschaffen worden waren, versammelten sich die Vertreter des rumänischen Volkes am

15. Mai 1848 zu Balázsfalu, um dort ihre nationalen Forderungen zu formuliren. Dies war ihr erstes Auftreten politischer Natur, obwohl es schon längst überflüssig war, da doch die ungarische Nation schon vor zwei Monaten alle Rechte und Freiheiten der Rumänen so gut wie der übrigen Nationalitäten proclamirt hatte. — In der Versammlung vom 15. Mai verlangen die Rumänen um nichts mehr, als was ihnen die Ungarn schon gegeben. Sie forderten: gemeinsames Tragen der Lasten, die Aufhebung der Leibeigenschaft, die Pressfreiheit und Wahrung der kirchlichen Rechte. (Papiu Hilarian. Istoria Romanilor din Dacia Superióra, Wien, 1851, pag. 294—301.)

Auffallend ist es doch, warum sie eine besondere Versammlung abhalten, um das zu erlangen, was sie, was alle anderen schon längst erhalten hatten.

Hier stehen wir eigentlich am Wendepunkt in der Geschichte der Walachen.

Hier machten sie den ersten verfehlten Schritt, bestrebt, den ungarischen Adel, der die allgemeine Freiheit verlieh, so hinzustellen, als ob er diese den Rumänen versagt hätte.

Die Verletzung oberwähnter Gesetze trieb die Ungarn zum Selbstvertheidigungskampfe; die gefährdeten Freiheiten zu sichern, griffen sie zum Schwerte. Europa kennt die Geschichte des ungarischen Freiheitskampfes, hatte doch der Ungar im Jahre 1848 die Sympathien einer Welt für sich. Die Führer der Rumänenschaft aber, statt dass sie uns mitgeholfen hätten die Freiheit zu erfechten, wandten auf leere Versprechungen fremderseits hin, vielmehr ihre Waffen gegen uns. Der ungarische Freiheitskampf wurde niedergeschlagen, die Gesetze von 1848 confiscirt. Mit der Freiheit war es zu Ende.

Auch die Rumänen hatten nichts gewonnen. Sie hatten, gegen die Ungarn kämpfend, für sich ein rumänisches Landgebiet bis zur Tisza erbeten, 'also nicht die Wiederherstellung der Autonomie in Siebenbürgen, sie wünschten sich eine rumänische Verwaltung, einen rumänischen Fürsten, rumänisches Wesen, eine rumänische Universität, Ueberlassung der Staatskassen zu rumänischen Zwecken. Aus Alldem wurde natürlich nichts. Siehe die Gesuche: Laurian Treb.: Magazin Istoric pentru Dacia. Wien 1851. VII. Band. 1—116.) Alle Rechte wurden suspendirt, alle Rechte nicht nur der Ungarn, sondern auch die der übrigen Nationalitäten.

Der historische, ungarische Staat war vernichtet, aber an seine Stelle kam weder der rumänische, noch der slovakische, weder der serbische, noch der kroatische; sondern der deutsch-österreichische. In Ungarn begann die ausserhalb des ungarischen Gesetzes stehende absolutistische Regierungsperiode, in der die Magyaren sich der grösstmöglichsten Passivität befleissigten. Der Ungar nahm zu dieser Zeit kein öffentliches Amt an, zahlte seine Steuern nie ohne Execution, der Soldat kämpfte gegen die Feinde nicht; die Jugend strömte nach Italien, um gegen Oesterreich mitzukämpfen (1859 der italienische, 1866 der preussische Krieg). Und diese mit grösster Strenge durchgeführte Politik der Passivität verursachte Oesterreich einen Schlag nach dem anderen. Es verlor die italienischen Provinzen, die Lombardei, Venedig, den Einfluss in Deutschland; gerieth in Schulden; und als es endlich vollends gebrochen dalag, war es genöthigt Ungarn die Freiheit im Jahre 1867 wieder zurück zu erstatten, die Constitution und die Rechte des Landes im G.-A. XII vom Jahre 1867, wieder zu sichern.

Hier bietet sich uns wieder Gelegenheit zu einer inter-
essanten Beobachtung. Der österreichische Absolutismus,
der sich in Ungarn magyarische Beamten nicht verschaffen
konnte, steckte das ganze Land mit Beamten anderer
Nationalitäten an : Walachen, Croaten, Böhmen und
Deutsche wurden zu Herren und vor allem Germanisatoren des Landes, die der Volkshumor wegen ihrer Uniform
und nach dem Minister Bach mit dem Spottnamen die
Bachhussaren belegte. Als dann im Jahre 1867 die Aussöhnung der Nation mit dem Könige erfolgte, das Land
die Constitution zurückerhielt und als erste Bedingung
der Aussöhnung die Neubelebung der Freiheit von 1848
gestellt wurde: da geschah etwas ganz sonderbares,
damals schlugen sich diese Herrschaften in die Schan-
zen ihrer engeren Nationalität zurück, und wollten,
nachdem sie als Germanisatoren die Schlacht verloren,
von nun an den Plan als Apostel des Nationalitäten-
Principes zurückgewinnen. Am 7. März 1869 beschlos-
sen mehrere solche Führer in Szerdahely, von Niemanden
dazu gedrängt, nur ihrer spontanen Eingebung folgend
und trotz der Einsprache der intelligenteren unter ihnen :
'Josef Hosszú, Samuel Poruti, Cristea, Julius Bárdosi u. a.)
*dass die Rumänen passiv verbleiben und in die Budapester
Gesetzgebung in Zukunft keine Vertreter entsenden werden.*
Sie waren mit der Union nicht zufrieden; und verlangten
die Wiederherstellung der Autonomie in Siebenbürgen,
von der wir aber gesehen hatten, dass sie ohne die Gesetze
von 1848 für sie keinerlei Rechte übrig hatte und deren
Abschaffung sie auch keiner solchen verlustig machte. Das
war seit 1848 ihr drittes Programm ; das erste, das Balázsfalvaer, welches die am 15. März proclamirte Freiheit
am 15. Mai verlangt; das zweite, das vom sieghaften

Oesterreich sich Grund und Boden bis an die Tisza
erbittet; das dritte, welches zu Szerdahely die Auflösung
der siebenbürgischen Union verlangte und als fortanige
Waffe die Passivität erkor, dieselbe Waffe, die sich in
den Händen der Ungarn so gut bewährt hatte.

Wäre es nun erlaubt die Dinge noch einmal kurz über-
blickend, daraus ein Factum von grosser Tragkraft zu
extrahiren, so ist es Folgendes: die rumänischen Führer
standen dem germanisirenden Absolutismus willig zu
Gebote, zogen sich aber vor der vollen constitutionellen
Freiheit in ihre Passivität zurück. Die hergestellte ungarische Gesetzgebung erachtete es als eine ihrer ersten
(1868) Pflichten, das schon oben skizzirte Nationalitäten-
gesetz zu schaffen. Die rumänischen Vertreter haben die
Passivität im Jahre 1869 ausgesprochen, sie auch bezüglich ihrer eigenen Person gehalten; nicht so aber das
Volk, denn einen Bezirk, der an den Wahlen nicht theil-
nehmen würde, gibt es nicht. Dass die Nationalitäten also
aus dem Parlamente ausgeschlossen wären, ist eine der
gewagtesten Behauptungen des Memorandums. Gewagter
ist nur noch, wenn man diese Ausschliessung mit dem im
Jahre 1874 gebrachten Wahlgesetze in Verbindung bringt,
da doch der Entschluss betreffend die Passivität von rumänischer Seite schon volle fünf Jahre früher 1869) erfolgte.

Uebrigens gehört all das, was sich in Bezug auf das
Wahlgesetz von 1874 bezüglich, im Bukarester Memorandum findet, schon an und für sich zu den grössten
Uebertreibungen, die je unter der Presse hervorgegangen sind.

Z. B. die Behauptung, in Siebenbürgen sei der Census
so hoch wie nirgends in Europa. Nicht im übrigen Europa,
sogar in Rumänien ist er höher. Bei uns gibt das citirte

Gesetz 5. und 6. §. in den Städten allen jenen Gewerbe-
treibenden das Wahlrecht die nach 105 fl. Einkommen,
105 fl. Wohnungsmiethe oder 72 fl. 80 kr. immobilem
Einkommen besteuert sind, was keine 10 Gulden beträgt.
Dem gegenüber ist in Rumänien *der Census* (30 lei) *15 fl.
an Staatssteuern.*

Oder z. B., *das rumänische Volk sei in Siebenbürgen in
hundert Wahlbezirken in der Majorität, wo es doch in Siebenbürgen alles in allem 75 Wahlbezirke gibt.* die Székler und
sächsischen Bezirke mit inbegriffen. Die Mittelpunkte der
Wahlbezirke bestimmt nicht die Regierung, sondern das
Municipium: diesbezüglich steht so ziemlich alles, was
wir von den Comitats-Mittelpunkten gesagt haben.

Auch das wird behauptet, dass die ungarischen Wähler ohne jede Controle zur Abstimmung gehen. Die Con-
trolle ist bei unseren Wahlen eine zweifache: eine von
Seite der Obrigkeit, und eine von Seite der abstimmen-
den Parteien. Jede Partei, die einen Candidaten aufstellt,
hat das Recht in die Scrutiniumscommission zwei Ver-
trauensmänner zu entsenden. So werden die Parteien am
leichtesten controlirt. Natürlich entsendet dort, wo die
rumänische Partei abstimmt, auch sie ihre Vertrauens-
männer. Die Ausflucht ist daher ganz unverständlich. Die
Wahlen — heisst es — werden zu wahren Schlachten?
Das ist ja in vielen Fällen wahr, aber Magyaren und Rumänen kämpften mit einander noch niemals, sondern Partei
und Gegenpartei. Factisch hatten wir immer sehr heftige
Wahlkämpfe und bei jeder Wahl werden zur Verhütung
von Ordnungsstörungen die umsichtigsten und weitgrei-
fendsten Vorkehrungen getroffen.

Das ist ja ungefähr bei jedem freien Volke so. In Ame-
rika, wissen wir, spielt der Revolver auch im Parlamente

seine Rolle, wie dann nicht erst bei den Wahlen? Und
es ist ein reiner Zufall des Ungefährs, dass sich in letz-
terer Zeit eben in den walachischen Wahlbezirken nichts
ähnliches ereignete. In welchem Tone sollen wir denn
eigentlich unter solchen Umständen auf derartige Beschuldigungen antworten? Die Sache ernst hinzunehmen
fällt uns sehr schwer. Denn ein Land, an dessen
Zustände keine Klage hinanreiche, existirt auf Erden
nicht; was aber die politische Freiheit anbelangt, so er-
hob sich nie eine unwürdigere Anklage, als die der Walachen gegen Ungarn und die Magyaren.

XII.

Einmal hieher gelangt, glauben wir, der unbefangene
Leser sei nun schon gewiss in der Lage, auf die Fragen,
die wir aufgestellt, sich auch genügend Antwort geben
zu können. — Wir schauten in die entsprechenden
Abschnitte der geschichtlichen Vergangenheit, betrach-
teten die einzelnen Zweige des öffentlichen Lebens: be-
trachteten die Stellung der Walachen in der Administration, zu der bürgerlichen und politischen Freiheit, in
Kirche und Schule. Nirgends erhalten wir eine andere
Antwort als: die Vorwürfe der Bukarester Jugend sind
unverdient, die Behauptungen entsprechen der Wahrheit
nicht, das Ganze ist vom Werthe eines Pamphletes, das
politischer Hass dictirte.

Wirklich ist in der ganzen Arbeit, mit der wir uns bisher beschäftigten, sonst gar nichts ernsthaft, als nur: *der
politische Hass*. Mit Bedauern constatiren wir diese
Thatsache, und erkennen sie mit noch grösserem Be-

dauern an, denn sie ist von höchster Bedeutung: mit der
Verleugnung derselben hätten wir nichts erreicht, und
noch weniger würden wir damit ein Uebel abwenden.
Wir nehmen es daher zur Kenntniss, dass wir in den
Rumänen unsere Todfeinde haben. Aber nicht in unseren Walachen, unseren Mitbürgern. Die sind friedlicher
Natur, anspruchslos und im Grossen und Ganzen von
vortrefflichem Gemüthe, ein Volk, das mit seinen Genossen ruhig das Schicksal theilt, wende es sich zum Guten
oder zum Bösen. In der Erfüllung seiner Pflichten murrt
dieses Volk niemals, seine Rechte übt es in Ruhe.
Dieser Hass beseelt nur eine Partei drunten in Rumänien und die ungarländischen Verbündeten dieser
Partei. Die ordnungsliebenden, friedsamen und nüch-
ternen Elemente ziehen weder hier, noch dort die allgemeine Aufmerksamkeit auf sich. Die turbulente Minorität entfesselt diese Stürme. Sie arbeitet mit den
volksthümlichen Schlagworten werdender Nationen und
beruft vor allem die Jugend in ihr Lager. So ist es denn
gekommen, dass sich die sanguinischesten Elemente, drü-
ben die rumänische, hüben die ungarische Jugend zum
Strausse eingefunden und zwar vor fremden Zuschauern.

Der politische Hass also ist das hochwichtige Moment, das auch das Memorandum erweist, und das leicht
verhängnissvoll werden kann. Was hat aber diesen ge-
zeitigt? — Es ist mit wenig Worten gesagt.

Rumänien ist der jüngste Staat in Europa, denn die einst
bestandenen Woywodenschaften kann man doch unmöglich als Staaten betrachten. In diesen Woywodenschaften
war die Thronfolge ein Handelsgegenstand in der Hand
fremder Ankömmlinge, und die Woywoden machten in
der Hand der Bojaren auch die Rumänen selber zu Ver-

kaufs-Objecten. Griechen, Armenier und Slaven sassen auf dem Throne, slavische Geistliche hatten die Kirchenstühle inne: der rumänische Leibeigne war der elendste unter den Leibeignen, den die Geschichte Europas kennt, bis zur zweiten Hälfte des laufenden Jahrhunderts.

Wir sind jedoch nicht gesonnen unseren Bukarester Collegen damit heimzuzahlen, dass wir die Vergangenheit der Woywodenschaften — die nicht einmal den Namen der Geschichte verdient — hier aufdecken werden. Nur das eine möchten wir constatiren, dass das Rumänien von heute all sein Bestreben und sich Fühlen kaum auf zwanzig Jahre zurückführen kann. Der so viel verheissende Aufschwung, den es genommen, ist an die Regierung des Königs Carolus I. gebunden.

Wir Ungarn würden das herrliche Aufwärtsstreben der jungen Kräfte mit innerlicher Freude, ja Begeisterung verfolgen, denn wir und sie sind ja die beiden einzigen nichtslavischen Nationen inmitten der panslavistischen Fluth, die den Osten Europas überschwemmt: und diese Freude am aufrichtigen Genuss dieses anziehenden Schauspiels verbietet uns ein grundloser Hass, der über unsere südlichen Grenzen so oft seinen Lärm herübertönen lässt.

Und alldas nur darum, weil wie wir schon früher erwähnten, die erwachende jugendliche Nation heisshungrig um sich blickt und Gebiete fremder Länder unter dem Rechtstitel, dass dort auch Rumänen wohnen, für sich in Anspruch nimmt. Und mass- und ziellos verlangt dann eine politische Partei von den Nachbarvölkern, in erster Reihe von uns, dass wir hier in Ungarn für sie so eine Art Filial-Rumänien einrichten und damit eine Einrichtung schaffen sollen, die nothwendigerweise zur Zerstückelung unseres Reiches führen müsste.

Und da wir mit diesem Beginnen zögern, werden wir beschuldigt, die Nationalitäten zu verfolgen, mit Gewalt zu magyarisiren, und weiss Gott noch welch anderer Gräuelthaten, die wir aber in dieser Arbeit hinlänglich widerlegt glauben.

Dass wir Niemanden verfolgen, haben wir gezeigt. Unsere traditionelle Freiheitsliebe, der Geist unserer Constitution und die nüchterne politische Klugheit verbieten uns, gegen die nichtmagyarischen Racen mit Gewalt vorzugehen. Ueber die Magyarisirungstendenzen aber, die uns auch vorgeworfen, sollen und werden hier noch einige Worte Platz finden.

Dieser Staat wird seit einem Jahrtausende Ungarn (Magyarország) genannt, — obwohl er in seinen Theilen öfter Verstümmelungen erlitt — unter anderem auch damals, als ihn die österreichische Uebermacht seiner Staatlichkeit und seiner Freiheit beraubte. Seit tausend Jahren gab es hier keinen Staat, der wenn auch auf kurze Zeit anders geheissen hätte. Der Staat besteht auch heute noch und heisst auch heute noch Ungarn. So ist er benannt nach jenem Volke, das ihn begründete und erhielt, und auch noch heute erhält. Ist es daher überhaupt denkbar, dass der Character, die Amtssprache, die Farbe und das Wappen des Landes anders sei als magyarisch?

Ungarn wurde aber nie anders als constitutionell regiert: auf Basis der im Reichstage gebrachten und vom Könige sanctionirten Gesetze. Daher, kommt es, dass hier die Tyrannei, Unterdrückung und Völkerverfolgung nie ein Heim gehabt; daher, dass hier die Glaubens- und Gewissensfreiheit stets Anklang gefunden und sich

aufrecht erhalten hat; daher, dass fremde Einwanderer —
einen unwiderleglichen Beweis hiefür bilden die seit
600 Jahren hier wohnenden Siebenbürger Sachsen —
Jahrhunderte hindurch ihre ursprüngliche Sprache, Tracht,
Gewohnheiten, in einzelnen zwischen andere Völkerschaften eingestreuten Dörfern sogar, bis auf unsere
Zeit, unversehrt bewahren konnten. Dergleichen ist in anderen Ländern unerhört. Solche Zustände begünstigen
aber auch die modernen Staatseinrichtungen nicht, mit
ihrer allgemeinen Bildung, und der Leichtigkeit des Ver-
kehres; soferne sie dieselben nicht sogar unmöglich machen. Der Wettkampf des modernen Lebens ruft die
strebende Seele auch aus dem verborgensten Verstecke
des Landes hervor, und fort ab ist im ganzen Reiche
mehr kein Plätzchen zu finden, von wo aus man den
Pulsschlag der modernen Staatsidee nicht fühlen könnte.
Wer wollte in Abrede stellen, dass dies alles bei einer
jeden Nation ein Gemeingefühl erzeugt, dass dies die
sittliche Burg nationalen Selbstgefühls erbaut, zur Quelle
neuer Macht und zum sittlichen Schatze der Nation wird.
Die vor fünfzig Jahren noch stolze Neapolitaner, Tos-
kaner oder Lombarden gewesen sind. sind heute schon
alle Italiener.

Der Badenser, der Würtemberger, der Hannoveraner,
der Sachse und der Bayer, über Nacht werden sie alle
nur mehr Deutsche sein. So ist das überall, kann und
darf es dann in Ungarn anders sein? Dieselben Ursachen
bedingen auch hier dieselbe Wirkung. Und das ist die
Magyarisirung, die bei uns getrieben wird; nichts anderes. Wir leben heute in der alten Freiheit, und haben
im Jahre 1888 das schon gekennzeichnete Gesetz zur
Beruhigung der Nationalitäten gebracht. Darin ist das

Anrecht an die Muttersprache für jedermann gewahrt:
für den Einzelnen sowie für die Familie, für die Kirche
und für die Schule, für Gemeinde und Municipium, ja
nicht nur für die Mehrheit — auch für die Minderheit.
Das Bukarester Memorandum wendet demgegenüber
ein, dass wir das Gesetz geschaffen haben, dasselbe aber
nicht einhalten. Es ist dies eine unhaltbare Behauptung:
da doch die Vollziehung des Gesetzes der Controle der
betheiligten Körperschaften selber unterliegt, und jede
Corporation die Sprache der Verhandlungen und Docu-
mente je nach den numerischen Verhältnissen der verschiedenen Nationalitäten angehörenden Beisitzenden
selbst bestimmt.

Die Factoren des modernen Lebens sind aber unwi-
derstehlicher als alldies und üben ihren Einfluss unerbitt-
lich aus.

Die Gesetze der Lebensverhältnisse bekämpfen sogar
selber die Gesetze der menschlichen Natur. Der Mann
verlässt Vater und Mutter, das Vaterland und seine Nation,
um den Kampf ums Dasein auszufechten. Und diese
Factoren begünstigen in Rumänien die rumänische Nation, in Ungarn aber die Entwickelung und Ausbreitung
der magyarischen. Dagegen kann man Klage führen, den
Process gewinnen kann man nicht. Wenn wir auf die
Daten der Statistik auch nur einen flüchtigen Blick werfen,
wird uns auffallen, dass sich in den Ländern der ungarischen Krone das magyarische Element in den letzten
dreissig Jahren beinahe verdoppelt hat, ohne dass die
anderen Nationalitäten abgenommen hätten. Und wenn
noch vor zehn Jahren die Magyaren nur das relative Ueber-
gewicht über die Nationalitäten hatten, so haben sie sich
heute schon der absoluten Mehrheit bemächtigt. Und

dabei kann man keine Gebiete bezeichnen, die sie den Nationalitäten abgerungen hätten. Sie vermehren sich im ganzen Lande und ihre Ausbreitung steht in einem geraden Verhältnisse zur Ausbreitung der Aufklärung und der Cultur.

Das nichtmagyarische Volk wird wenig beheligt, und langsam zwar, doch stetig wird es zuerst vom staatlichen, dann vom nationalen Selbstgefühl durchsickert, bis es sich dann endlich auch die Sprache aneignet.

Nach der Volkszählung vom Jahre 1880 zeigte die Bevölkerung von 13.728.622 Seelen die folgenden Verhältnisse:

Ungarn	46.65%
Deutsche	13.62%
Slovaken	13.52%
Walachen	17.50%

Ruthenen 2.57%, Kroaten und Serben 4.60%. Andere Sprachen sprechen 1.54%.

Nach den Daten der Volkszählung von 1890 beträgt die Zahl der Ungarisch Sprechenden 54.22%.

Dass sich gerade die Walachen über die Magyarisirung beklagen, erscheint ganz eigenthümlich angesichts des Umstandes dass bei durchschnittlich 11.57% ungarisch sprechender Nichtmagyaren die Walachen hiezu nur die Procentzahl 5.90 liefern, die Deutschen 21.02%, die Wenden 12.22%, die Croato-Serben 10.83%, die Slovaken 9.82%, die Ausländer aber 25.07%. Die Procentzahl derjenigen, welche des Ungarischen mächtig sind, dient auch zugleich als Bildungscoëfficient der betreffenden Race. 17½% der Nation sind Walachen, davon

sprechen 5.9%/o. also nicht ganz 6%/o der gesammten Wala-
chenschaft auch die magyarische Sprache. Fürwahr. über
Verfolgungen der Race und ihrer Cultur und über den
an ihr begangenen Sprachenmord ernsthaft zu sprechen,
muss nicht gar so leicht sein.

Die Ursache jenes unauslöschlichen Hasses ist daher
nicht die, die im Memorandum der rumänischen Jugend
als solche hingestellt ist. Einzige Ursache dieses Hasses
ist der Bestand, das Aufblühen und die noch höhere
Blüthe verheissende Zukunft des ungarischen Staates,
welche sich den heissblütigen und von Geburt aus als Träu-
mer veranlangten, rumänischen Politikern nun auf einmal
in den Weg stellt. dass die ungarische Macht der Felsen-
riff ist, an dem Pläne einer Vereinigung aller Rumänen in ein grosses Daco-Rumänien früher oder später
scheitern müssen, wie man auch das Märchen vom
autochtonen siebenbürgischen Walachenthume zu diesem Behufe ausbeuten möchte. Denn dass Ungarn
seine Grenzen gegen Rumänen oder Nichtrumänen bis
zum letzten Athemzuge vertheidigen wird, dessen kann
sich alle Welt im Vorhinein versichert halten. Doch
das Schwert war nur in den verschwundenen Jahrhunderten die stärkste Waffe. und Ungarn verstand
es seine Grenzen mit dem Schwerte zu bewachen;
aber schon damals vergass es nicht. dass der Stahl nur
gegen die äusseren Feinde gut, und hier zu Hause die
Freiheit und Gerechtigkeit bessere Waffen wären.

Und der Ungar trug diesen ethischen Gütern auch im
Getümmel der wogenden Schlachten viel getreue Sorge
entgegen und focht auch für die unter seinem Schilde lebenden Völker den Freiheitskampf.

Im heutigen Zeitalter sind nicht mehr das Schwert,

sondern Bildung. Arbeit und Freiheit die schärfsten Waffen. Heute schwingt die Nation diese mit aller Macht, jetzt wieder des Schwertes nicht vergessend, wie sie es auch 1848 gethan, da sie ihre nationale Constitution gegen vereinigten Schaaren Oesterreichs und Russlands vertheidigte. Die Uebermacht schlug ihr das Schwert aus der Hand: ihr die Tugenden aus dem Herzen zu reissen gelang aber nicht und zwölf Jahre der Unterdrückung brachten der Nation den Sieg ohne Schwert.

Unser erster König, den die katholische Kirche unter die Heiligen reihte, und als dessen Rechtsnachfolger der ungarische König auch heute noch den Titel eines apostolischen Königs trägt, unser König Stephan der Heilige hatte sich zum Wahlspruche gewählt: Wenn Gott mit uns, wer wider uns? Der Spruch lebt auch heute noch in unserem Volke fort und er mahnt uns Enkel einer späten Zeit, alle unsere Anliegenheiten so zu lenken, dass wir im Bunde mit der Gottheit bleiben.

Zu Ihr flehen wir, da wir diese Zeilen beendigen: Sei uns ein Zeuge in unserer Wahrhaftigkeit. Ruhig, doch nicht mit verschränkten Armen sehen wir der Zukunft entgegen. Auf einen Hauch von Dir wird der blutige Hass verkümmern, der im Herzen unserer Widersacher wuchert, und auf einen Wink von Dir werden sie zur Einsicht des Wahren gelangen. Denn der Hass zwischen dem Rumänen und dem Magyaren ist etwas Widernatürliches, seine Quelle die Kurzsichtigkeit der lebenden Generationen.

Rumänen und Ungarn beide sind eingekeilt in das slavische Meer im Osten von Europa, die Südslaven von den Nordslaven trennend. Schon ihrer geographischen Lage nach waren nie zwei Nationen auf eine innigere

Freundschaft und Genossenschaft angewiesen, als diese beiden. Und die Zeit wird herankommen, da dereinstige Generationen sich nur mit Befremden werden sagen können, es gab eine Zeit, in der sich diese beiden Völker blinden Hasses gegenübergestanden. Wir Ungarn haben dies schon längst eingesehen, aber auch im rumänischen Lager dämmert schon die Wahrheit in mehr als einem Gehirne.

Und das letzte Wort, das wir in diesem Buche aussprechen, es heisse:

Wahrheit!

MIX

Papier | Fördert
gute Waldnutzung

FSC® C083411

Zeitfracht Medien GmbH
Ferdinand-Jühlke-Straße 7
99095 Erfurt, Deutschland
produktsicherheit@kolibri360.de